新しい自分に生まれ変わるための7枚のメモ

あの日、選ばれなかった君へ

阿部広太郎

ダイヤモンド社

あの日、
選ばれ
なかった君へ

新しい自分に
生まれ変わるための
7枚のメモ

君は自由だ。選びたまえ。
つまり創りたまえ。

哲学者　ジャン=ポール・サルトル

ある人は言った。
人生は選択の連続だ。
本当にそうか？
人生は選ばれないことの
連続じゃないか。

はじめに　それでもまだ遅くない

何かが決まる「決定的瞬間」にいまだに慣れない。
たとえば、企画コンペで勝者が発表される時。
たとえば、漫才の賞レースで日本一が決まる瞬間。
たとえば、デビューをかけたオーディションの最終選考。
今、まさに結果がわかる。
そんな刺激的で華々しいシーンをテレビ番組で目にすることもある。
結果が読み上げられ、大歓声と大拍手に包まれる。
きらきら光る紙吹雪が舞う中でスポットライトは選ばれた人へ。
つられて拍手をしながらも僕は選ばれなかった人のことを考えてしまう。
静かに肩を落として、悔しそうな表情を浮かべる人を見てしまう。
その人の気持ちに思いを馳せながら……。

かつての選ばれなかった自分の姿を思い出してしまうのだ。

今、コピーライターという仕事をしている僕は、この仕事にすんなり最初から就けた訳ではなかった。

「なりたい！」そう強く願っても、そこに至るまでの道のりは険しくて、しがみつくように自分の仕事にしてきたという実感がある。

仕事で新規の取引先を決める大きな競合に負けてしまい心が沈んでアスファルトばかりを見つめる帰り道もあったし、会社の同期が華々しく活躍する姿に焦ってしまい無性に悔しくなったこともあった。

さらにはその同期とじっくり話してみたらとてもいいヤツで、妬ましく思っている自分がみじめに感じたこともある。

「選ばれない」ことに心当たりがあるのはきっと僕だけじゃないはず。

受験に落ちた。試合に出られなかった。

恋人にフラれた。就活に失敗した。

コンペに負けた。プロジェクトに抜擢されなかった……。

ほとんどの人は人生の様々な局面で「選ばれない」という経験をするのではな

いだろうか。

落ち込んだり、自己嫌悪に陥ったり、自暴自棄になったり。

ましてや最近では、誰かの輝かしい「選ばれた瞬間」がSNSで可視化されて手元までやってくる。

それを見て「良いなぁ」と羨ましい気持ちで心が一杯になることもある。

「やめない限り負けてないんだよ」という先輩からのアドバイスに、その通りですと素直に受けとめられないこともあった。

でも、うまくいかないこの挫折感に対して、胸のつかえを抱えたまま生きていくのも嫌だった。


コピーライターは新しい見方を見つける仕事だと思っている。

物事や出来事に自分なりに意味を見いだしていく仕事。

「選ばれない」とは、どういうことなのか？

自分なりに意味を見つけてみた。

選ばれないということは分かれ道にすぎない。

「やめる？　やめない？」と心が放つサイン。

やめてもいい。やめなくてもいい。
その分かれ道からはじまる道の先で輝けばいい。
選ばれなかったその時は、まるで世界が終わったかのような気持ちになる。
けど、たまたま合わなかった、ご縁がなかった、本当はそれだけのはず。
じゃあこっちだねと分かれ道のもう一方を選んで進んでいけばいいのだ。

あの日、選ばれなかった自分へ。
あの日、選ばれなかった君へ。
今の自分が声をかけるとしたらどんな言葉か？
選ばれずに落ち込んだ後にどうすればいいのか？
不安に押しつぶされそうな時に寄り添える言葉を精一杯探しにいきたい。
そして、人生経験を重ねていけば立場は変わる。
選ばれなかった自分が選ぶ側に回ることもあると思う。
「自分じゃ選べない……誰か選んで！」
そう思いたくなることもあるかもしれない。
選べる人にならないと、いつまでたっても誰かの庇護《ひご》のもとだ。

だから僕は、自分で選べるようになりたいと思う。

僕たちは後悔をする。
過ぎ去ったあの時に。取り返せないあのことに。もう会えないあの人に。
それでも前を向く。まだ遅くない、そう信じている。
人生は選ばれないことの連続かもしれない。
そんな日々だとしても健やかに過ごしていくためのヒントはきっとある。

これからはじまるのは、選ばれなかった「あの日」のエピソード。
そこから導き出した新しい自分に生まれ変わるための7枚のメモ。
この一冊が君の心に灯る勇気になれますように。

今の僕からあの日の君へ。
選ばれなくて良かったんだよ。

目次

第2章

「志望校全落ち」の先に
─それはただの「運」かもしれない─

第3章 「キャプテン」に選ばれなくても
―何に「貢献」するかを決める―

第4章 「就活」で悩んだ時に

―「自己肯定感」より「自己選択感」―

第5章 この仕事「向いてないかも」と言われたら

―必要なのは見つかりにいく「努力」―

第6章 「選ぶ側」に回ってしまったら
―「落とす方」だって本当はつらい―

第7章 「仕事とプライベート」どちらか選ばなければいけない？
―両方「諦めない」方法―

第1章

卒業アルバムの君は「一人ぼっち」だった

「孤独」は人生の起点になる

幸せの三角形からはみだしてしまった

「みんなの中学生時代の写真を集めて、卒業アルバムの中に見開きのページをつくります。なので、載せたい写真を卒アル委員に提出してください」

クラスの片隅にいた君は、ふーっと静かにため息をついた。

つづいて締め切りを発表している先生の声が遠くなり、その後の言葉がどんどん耳に入らなくなっていく。

コートを羽織って通学する日がぽつぽつと増えてきた秋頃。

ホームルームで発表された先生の提案には優しい響きがあった。

クラスのテンションも上がった印象があったし、実際それはとても素晴らしい提案なのだと思う。

・先生たちが持つ卒業アルバムの編集権の一部を生徒に譲る。
・生徒主体のページができることによって生徒の満足度も上がる。

・その生徒の顔を見て親御さんも満足する。

自分一人、幸せの三角形からはみだしてしまったような感覚になった。


修学旅行の時のいつもとは違う楽しげな写真。

体育祭の時に肩を組んでピースをしている写真。

部活終わりで表情から充実感が伝わる写真。


ない。ないよなぁ。


自分の頭の中を「写真」というキーワードで検索しても何も出てこない。

クラスメイトの誰かと写っている写真が１枚もない現実に泣きたくなった。


あ〜あ……。

参加型の企画なのに、エントリーすらできない時の寂しさたるや。

それならいっそ、先生たちにアルバムを全部任せて、「写真が載ってないなんてひどい」

と文句を言える可能性があった方が良かった。

そんな先生泣かせの思いすら浮かんでくる。


先生から放たれる「今から二人一組になってください」というあれも大の苦手だった。

組む人が見つからなかったらどうしよう？

たとえ運よく自分に相手が見つかったとしても、相手が見つからない人がいるんじゃないかと気になってくる。

その人は先生と組むのかな？

それでその人は良いのだろうか？

どんな目で見られるんだろう？

周囲の視線が気になるよな……。

決して口に出しては言えないけど「先生、全員全組、指定してよ」という心の叫びを抱えていたことを君は思い出した。

このままじゃ、誰の思い出の中にもいない

一度、ネガティブのスイッチが入ってしまうと君の思考は止まらない。

卒業アルバムを配られた何年後か、何十年後か。

みんないつかまたページを開くだろう。

引っ越しで荷物を整理する時だろうか。

恋人と一緒に過去を振り返る時だろうか。

本棚の中でうっすらと埃《ほこり》をかぶった卒業アルバムを見つけた時に懐かしい気持ちとともに眺めるのだろう。

そこで中学時代を振り返った時に、誰も自分を思い出すことはない。

このままじゃ、誰の思い出の中にもいないということじゃないか？


仕方がないのはわかっていた。

だって君は部活にすらまともに入っていなかったんだから。

小学生の頃、サッカーが好きだった。

中学生になって、「やっぱり入るならサッカー部でしょ」なんて気軽な思いから体験入部に参加してみた。そこで見事に出鼻をくじかれた。

大きなゴールポストを「よいしょ」と大人数で持って所定の位置まで運んだり、グラウンドのまわりを何周も走ったり。

体験入部は基本、新入生はお客様あつかいで先輩たちも優しく丁重に接してくれる。それなのに、プレッシャーを感じてしまった。

中1と中3。成長期を迎える前と後。

学年は2つしか違わないのに、先輩の体格の良さ、レベルの高さを目の当たりにしてしまった。

圧倒的な差を前にして、体の線が細かった君は「自分なんて……」と急にやる気がしぼんでしまった。練習についていけなくて「根性ないな」と思われる前に逃げたかったのもあるかもしれない。

グラウンドは土手の奥の奥にあり、校舎から20分ほど離れていて砂利道がつづく。街灯もまばら。夜になると月が綺麗なのに、うつむいて帰ったことをよく覚えている。

居場所は、安心と刺激の塩梅《あんばい》が重要だ

小学生の頃、もう一つ好きだったのが将棋だった。

１９９６年に放送されたＮＨＫの連続テレビ小説『ふたりっ子』の題材は将棋で、毎朝見るうちに君は見事にハマった。

将棋盤を父親に買ってもらって時間を見つけては勝負したり、詰将棋の本を買って解いたりしていた。

「将棋やらない？　学校に将棋盤あるんだよね」

クラスメイトと将棋の話になった時に、実は学校に将棋部があることを教えてもらった。

「よし、一局やろう」という話になり畳が敷かれている作法室へ。

学校の喧騒とは隔たりのある、畳の匂いがする静かで落ち着いたこの部屋が将棋部の活動拠点だった。

そこでは文化系の数人が放課後に集まって対局していた。

同好会のようなくだけた雰囲気で、堅苦しい上下関係はなかった。

君はしばらく通うようになる。

勝ったり、負けたり、対局後に「この一手で流れがこっちに来たんだよね」なんて感想戦をして、キリのいい時間で切り上げて帰宅する。

叱ってくる先輩もいなければ、突き上げてくる後輩もいない。

駒の音が静かに響くのんびりとした時間はつづく。

けれど結局そこでもつづかずに、君は幽霊部員になった。


どうしてつづけなかったのか?

つづければ良かったじゃないか?

そこは君の居場所になり得たんじゃないか?


今の僕はそんな風に君に言いたくなる。

しばらく考えて、思い直す。

居場所は、安心と刺激の塩梅が重要だ。

ここにいていいんだという安心は何よりも重要で、そう思えることで心理的安全性は担保される。

そして、ドキドキやハラハラ、これからどうなっていくんだろうというワクワクもほしい。刺激があることで日々に活力を与えてくれる。

安心だけでは次第に退屈になるし、刺激オンリーでは心と体が持たない。

どちらも兼ね備えている場こそ魅力的な居場所になり得る。

いや、もちろん将棋に刺激がないと言いたい訳ではない。

自分には何か……もっと違う何かがあるはずなんだ……。

そんな予感から、ここじゃないという選択をしたのだと今では思う。

すべての経験が何かしらの伏線になると思える今の僕にとっては、たとえつづかなかったとしても、その経験をできたことに意味があると胸を張って言える。

けど、当時の君は、いまだしっくりくる居場所を見つけられていないことに対して、「イエローカード2枚目で退場ですよ」と審判から言われているかのように落ち込んでいたし、日々の生活に対してもどこか臆病になっていた。

帰宅部でならエースになれた

休み時間は一人で本を読んでいた。

読書家の両親の影響でハマったミステリー小説。

「本を読んでます」というポーズを取ることができて助かっていたし、もっと言うと本の世界に逃げ込んでいた。

放課後もつらかった。

やることがない、話す友達もいない。

ただそこにいることができなかった。


ある日の帰りのショートホームルーム。

先生の話はまだ終わらなかった。

名前に「ショート」がつくくらいだから、短い時間で済むことをいつも期待している。

先生の話が終わるのを今か今かと待っている。

話を聞きながら、その日持ち帰る教科書やノートをカバンに入れて、帰り支度はもう済ませていた。

「日直、終わりの号令をお願いします」

「ありがとうございました！」

みんなで言い終えたその瞬間、君はカバンを手にして早歩きで教室の扉へと向かう。

現在、午後3時20分。

駆け足で行けば、最寄り駅に向かう午後3時30分のバスに乗ることができる。下駄箱で革靴を履いて、息を切らしながらバス停へと急ぐ。

急げ、自分。走れ、自分。

君と同じく飛び出すようにグラウンドに出てくる部活もある。

彼らを横目に急ぐ。ただただ早く帰りたい、それだけだった。

結局自分は、本が友達で帰宅部なんだ。帰宅部でならエースになれた、なんて自嘲していないと心を保てなかった。

肩で息をしながらバスに乗り込む。

「どうしてこの子はこんなに急いでいるのだろう？」

運転手の視線がミラー越しにささった。

俺、こんなはずじゃなかったよな

電車に揺られ、1時間かけて帰宅する。

「ねえ、何読んでんの？」

帰宅中に他校のヤンキーたちに絡まれたこともあった。

本のタイトルを伝えたってわかりっこないし、ドラマみたいに勇ましく立ち向かうなんてこともなく、聞こえないふりをしてスルー。じっと耐える。

「つまんないの」と言われても我関せずを貫く。

「つまんないのは、こっちも同じだ」と言える訳がなかった。


家に着いて、やることは一つだった。君は母親に聞く。

「録画ちゃんとしてくれた？」

「してるよ、ビデオテープに入ってるから」

まだＤＶＤやハードディスクに録画する機能もない時代。

いつの間にか君の日課は、タモリさんが司会のテレビ番組『笑っていいとも！』を録画して見ることになっていた。

冷蔵庫の扉を開けて、牛乳とコーヒーのパックを取り出す。

1対1の割合でグラスに注いで完成したコーヒー牛乳を手に、準備万端。

全国のお茶の間に笑いと明るさを届けるこの番組を一人夕方に追っかけ再生していく。

特に、「テレフォンショッキング」というコーナーが好きだった。

タモリさんと対談するゲストが日替わりで変わっていく。

特徴的なのは、その日のゲストが次の日のゲストに電話で出演交渉をすることだ。これはいきなりじゃなくてある程度事前に話は入っているんだろうなと子どもながらに想像していたけど、「え〜！　あの人とあの人がつながってるんだ!?」という人と人との意外な関係性が見えるこの企画がとても好きだった。

まさに友達の輪がつながっていく。

その輪を見ているだけで自分もまるでそのつながりにいられるような救いがこの番組にはあった。

番組はエンディングのコーナーを迎え、エンドロールが流れはじめた時に君はコーヒー牛乳をグイッと飲み干した。
はぁ、と背もたれに寄りかかり物思いにふける。
まだ夕方6時だ。これから家族で晩ごはん。
それまで本の続きを読んでもいいいし、宿題を片付けてもいい。
この生活に不満がある訳ではない。
勉強はそれなりにしているから、親がとやかく何かを言う訳でもない。
でも、頭の中でこだまする。
「俺、こんなはずじゃなかったよな」
ざわざわと不安が広がった。

一人は気楽だった、
でも一人ぼっちは嫌だった

ある日の帰り道、心がはじけた。
珍しく君は、クラスメイトとバス停に向かっていた。
その彼とはクラスメイト以上友達未満のような関係で、空気が中途半端に抜けたボールみたいに会話はぎこちなく弾む。

男女共学の中学3年生の話題と言えば、クラスメイトの誰と誰がすごく仲が良いらしいとか、あの二人は実は付き合っているらしいとか、あそこは仲が悪いらしいとか、そんなクラスの人間関係の話が中心だった。

君は「へえ」や「なるほど」と、わかっているような、わかっていないような、どこかうわのそらのリアクションばかりしていた。


「どう？」

クラスメイトに問いかけられていることに気づいた。

「ん？」

「最近どう？」

「俺は……まあ、誰からも嫌われてないから大丈夫」

「……そっか」

そう言った後、クラスメイトがどんな表情をしていたのか覚えていない。

その顔を見ることができなかった。

言った直後に、やってしまったと思ったのだ。

「大丈夫」と言い切ったつもりが、やまびこで「大丈夫？」と疑問符付きで返ってきたような気持ちになった。

小さな嘘をついてしまった気がした。

自分で言っておいて本当にそうなのか？

俺は大丈夫……なのか……？

本当はどうしたい？

こんなはずじゃなかったんでしょ？

本音はもっと話したいんでしょ？

誰からも嫌われていないということは、誰からも好かれていないことに本当は気づいていた。誰とも言葉を交わしていないから、誰とも関係は生まれなくて、そこに良いも悪いも生まれない。無口な自分の心の中に言葉を一杯溜めこんでいた。

一歩踏み出すことを選ばないと、そこには感情の機微すらも生まれなくて、心の種から芽が出ることも、草木が育つことも、花が咲くこともない。

何もしていない、何も選んでいない。だから誰からも選ばれない。

一人は気楽だった、でも一人ぼっちは嫌だった。

今、猛烈に誰かとつながりたい。どうすればいいのかはわからない。

けど、君はこの心の声に応えてあげたいと思った。

課題をチャンスとして捉える

人が変わっていくのは、ある日突然ではない。

段階があり、予兆があり、心の支えがある。

誰かとつながりたいと願う自分を諦めたくないと思えたのは、「君、良いね」と名前を呼んでもらった記憶があったからだ。

ちゃんと褒めてもらえたお守りのような経験が一つあれば前を向ける。


それは、理科の時間だった。

学校の教育方針に加えて、理科の先生の熱意もあって、実験をなるべく多く取り入れた授業が行われていた。

フラスコを振ってみたり、顕微鏡をのぞいてみたり、リトマス試験紙で色の変化を見てみたり。教科書だけでは感じ取ることのできない、学びの手触りがその授業にはあった。

先生から「実験の内容をもとにレポートを書いて提出する」という課題が与えられた。

「電気」の授業……記憶の片隅にないだろうか？

電池を2個直列につなぐと豆電球がより明るく光り、電池を2個並列につなぐと明るさは変わらないものの電池は倍長持ちするという実験だった。

実験を踏まえて教科書や参考書を調べて2〜3枚でまとめれば良いという宿題で、そこに対して先生は特に何かを期待していた訳ではなかったと思う。

ただ君は、先生の授業に対する熱意や本気度を感じ取っていて、その気持ちに応えたいと思った。

やるからにはどこまでできるか試してみよう。

課題をチャンスとして捉える。

せっかくのこの機会、先生に向けて書いてみたらどうなるだろう。

帰宅部の君にまとめる時間はたくさんあった。

とことん調べてみるかと、そもそも電気とは何かという前提から書いていった。授業の実験でやってみたことだけではなくて、求められていないかもしれないけど、たとえばあんな時、さらにはこんな時、どんなパターンが考えられるのか、書いているうちに自分でも楽しくなってきて、１枚、１枚、手書きで丁寧に記載していく。

結果的に20ページ近くにもなった大作レポートを晴れやかな気持ちとともに提出した。

関係をつくり出す小さな魔法

意中の相手からメールの返信が来るまでにドキドキがあるように、レポート返却の日が待ち遠しくもあり、果たしてどんな風に受け取られたのかちょっとだけ怖くもあった。

自分事になるってこんなにも心が揺さぶられるのか。

君は内心、祈るような気持ちだった。

楽しく探求できたとはいえ、自分でも意外なほどに「評価されたい」と思っていた。

一人の生徒としてクラスで目立ちたいという気持ちもやっぱりあった。

実験室での授業、先生が講評していく。

「良いレポートを書いてくれた人を発表します」

そこで名前を呼ばれたのは……君ではなかった。

クラスでもコミュ力の高い、いつも真ん中にいるタイプのクラスメイトだった。真っ白のシーツにコーヒーをこぼしてしまったかのように心の中に落胆がじわじわ広がっていく。

あれだけ時間かけたんだけどなぁ……。

「報われたかった」という主張が顔を出してくる。

「それでは、今回一番良かった人を発表しますね」

実験室にいるクラスのみんなが息を呑んだ。

先生が発表すると、みんなの視線が一斉に君に集まる。

一番良い、そう言われたのは君だった。

「ちゃんと君を見ているよ」と先生から暗に伝えてもらえたような気がした。

レポートが返却された授業後。クラスメイトから声をかけられる。

「すごいじゃん！　どんなの書いたの？　見せて！」

すごいことだと思った。こんなことが起こるなんて想像もしていなかった。


今の僕は、企画書をつくり、プレゼンテーションをするという仕事をしている。レポートを書いて褒められたこの経験がすべてのはじまりだと感じる。

じっくり時間をかけて、人に思いを馳せて言葉にする。それは関係をつくり出す小さな魔法だった。


君はクラスの中における「その他」に属している気がして、どこか疎外感を覚えていた。

でも、そんなことはなかった。

電気の回路のように人とつながって心の中に少しずつ明かりが灯る。

すると継続的に関係を築いていきたいという気持ちが徐々に強くなっていく。

「変わりたい」というまっすぐな思い。

人ともっとつながっていくために、どうすればいいんだろうと君は考えていた。

一緒ならきっと、何とかなる気がした

一般的に卒業を前にした中学3年生が入れる部活はそうない。

ただ、中高一貫校における中学3年生に対して、フライングスタートという意味合いで門戸が開かれている部活があった。

それが、アメリカンフットボール部だった。


アメフトというスポーツは試合中何人でも交代することができる。

チームメンバーが多ければ多いほど戦い方の可能性は広がるし、体の大きさを問わず、多様なポジションがあり、自分の生きる道を見つけやすい。

当時はアメフトを題材にした漫画『アイシールド21』がはじまる前で、一般的にあまり知られていないスポーツだからこそ部員獲得に貪欲で、実際、高校生のゴツい人たちがわざわざ中学生のいる校舎にまで勧誘しに来ることもあった。

野球部をやめてアメフト部に行こうとしているクラスメイトの話を聞いて、君は気にな

りはじめていた。

変身するかのように頭にヘルメット、肩にショルダーをつけてぶつかり合う。明らかに刺激に満ちていて何かが起こりそうな感じがする。

サッカーやバスケットボールのような、みんなが通るスポーツでは今の自分は変われない気がしていた。ここはもう、どうなるか想像もつかない世界に飛び込むしかないという思いが芽生えていつの間にか心は決まっていた。

クラスメイトに声をかける。

「俺も一緒に行っていいかな……？」

おお、行こうよ、と快く返答をもらえたことが嬉しかった。

一緒ならきっと、何とかなる気がした。

冬も近づき寒い日だった。

アメフト部の部室へ向かう。

他の部活は部室棟があるのに、アメフト部は倉庫が部室になっていた。

その前をこれまでも通ったことはあった。

けれど、中がどうなっているかずっとわからなかった。
シャッターにかじかむ手をかける。
踏ん張って、おもいきって、下から上へ。
ガラガラガラという音が鳴り響く。
新しい世界が開く音に聞こえた。

孤独から生まれた思いが君を支える

もしかしたらそれは恒例行事だったのかもしれない。
見学に行った初日、いきなり部室にあったヘルメットとショルダーをつけさせられる。
戸惑いつつも、窓に映る自分の姿を見た時の心強さを今も忘れることができない。

驚きの連続だった。
人と人とが本気でぶつかる。吹っ飛ばされる。
何だこれは、何なんだこれは。

「ヘイヘイヘイ！」と野次とも激励ともつかない声がグラウンドを飛び交う。
あれだけ人との関わりに臆病だったのに、人とぶつかる日々がはじまった。
練習で使うタックル練習用の20キロのサンドバッグをかついで砂利道を進んでいく。
かつてうまくいかなかったサッカー部の横を通りすぎて、アメフト部のグラウンドへ。

練習は厳しい。君はついていけない。
それでも、あの頃よりは全然マシだ。
誰とも一緒にいない、ただそこにいることもできない寂しさを感じていたあの頃。
どうして自分がこんな風になっちゃうんだろう？
どうして自分がこんな目に遭わないといけないんだろう？
八つ当たりのような疑問をぶつけてきたあの頃。
もう戻りたくない。何がなんでも食らいついた。
孤独から生まれた思いが君を支える。

言い方を変えたい。
孤独は人生の起点になる。

あの頃、君は一人でいることを選んでいた。
君は、君自身とたくさん話していた。
自問と苦悶を繰り返す日々だったかもしれない。
それでも自分を知る必要な時間だったと思う。
あの孤独の時間がなければおもいきることはできなかった。
踏み出したら、自分の居場所ができた。
孤独は悪くない。
いつになったっていい。
時が来たら必ずそこから出発できるんだ。

孤独は悪くない。
孤独は自分を知る
必要な時間であり、
人生の起点になる。
時が来たら必ず
そこから出発できる。

第2章

「志望校全落ち」の先に

それは
ただの「運」
かもしれない

苦しくなってからが踏ん張りどころ

アメフトという未知の世界。
そこに飛び込んだことで君は身も心も変わっていく。
最初はひょろひょろのメガネくんだった。
「やれる、自分はやっていける」
そう思える変化の象徴であり勲章が欲しかった。
一つでも誇れるものを身につけたくて君は「腹筋」に的を絞った。
改めて文字にするのも恥ずかしいが、腹筋が割れたらカッコいいと思ったのだ。
足を固定し、お腹を意識し、息を吐きながらゆっくり上体を起こす。
すきま時間を見つけては腹筋の回数を重ねていく。

「苦しくなってからが踏ん張りどころ」

この考え方は、筋肉と本気で向き合いはじめたこの時期に身についた。

自宅では風呂上がりに鏡の前に立ち、自分の拳でお腹にパンチをしていく。

その姿を見て君の両親は「大丈夫かしら」と思っていたかもしれない。

当時の愛読誌は健康雑誌『Tarzan』で、ボクシングの練習で効果があるというのを知って取り入れていたのだ。

愚直さと貪欲さの甲斐あって、腹筋の割れ目が浮き出てくるのが誇らしかったし、日々のウエイトトレーニングと成長期が重なり、ひょろひょろでメガネだった君は、ムキムキになりコンタクトレンズに変えた。

毎年撮影する生徒手帳の顔写真、その変化が自分でもおもしろかった。

そして、変化という名の成長を一緒にしていける仲間がいることが何より嬉しかった。

「練習しんどいな」と心の中で愚痴ったこともあるし、「雨降って練習中止にならないかな」と天気予報を見ていたこともある。けど、同期、先輩、後輩という仲間がいる。

一緒に取り組む人が隣にいると何とかなりそうな気がするのが不思議だった。

居場所って人との間に生まれるのかもしれない。

自分はここにいていいんだと思えること。

この関係を築けたことが君にとっては尊い出来事そのものだった。

最後の最後までもがくことができたのか？

君は、高校3年生になった。

かけ声とともに勢いよくアメフトのプレーはスタートする。

「セット、ハッ！」

練習についていくのも精一杯だった入部当初が懐かしいくらいに、体を動かす君の姿は様になっていた。

いつの間にかすっかり暗くなったグラウンドで、何度もチームのフォーメーションを確かめながら完成度を高めていた。

「やばい！　帰ろう！」

時計を見たチームメイトが叫ぶ。

みんなで急いで部室に戻り、泥だらけの練習着から制服に着替えて、みんなでバス停に向かう。そこでは、サッカー部、バスケ部、野球部と大会が近づいている部活がぞろぞろと行列になっていた。

視線を交わし、「お疲れ！」と挨拶をする。

それぞれが目標に手を伸ばして追いかける。

それは間違いなく青春だった。


春大会と秋大会。アメフトの地区大会は年に2度開催される。

秋大会で新チームの体制になる。高校3年生は大学受験を控えていることもあり、春大会の終了とともに基本的に引退する。

前回の秋大会で君たちは初戦で負けてしまっていた。

次の春大会は、何としても勝ちたいという気持ちで練習に取り組んでいた。


4月、春大会。

本当にあっけない幕切れだった……初戦敗退。

「数点差で惜しい！」なんていうこともなかった。一矢報いるかのように試合の終盤に得点をしたものの、20点以上の差がついてしまった。サッカーで言うなれば「4対1」のような状況、相手チームとの差は歴然だった。

勝ちたいという気持ちは「勝ちたかった」と過去形になった。

試合終盤の点差、減っていく残り時間、もうどうしようもない苦しい状況で、笑われようとも最後の最後までもがくことができたのか？　踏ん張れたのか？　その先につながる何かをそこに残せたのか？

力なくうなだれた帰り道、悔しさであふれていった。


この「負けた」という事実を何でもいいから、塗り替えたかった。

そうだ……受験だ！

この後にやってくる大学受験という大勝負。

勉強でならもっとやれる。

勝てる。勝つんだ。絶対に勝つんだ。

自分の力を証明してみせる。

君の決意は固まった。

囲まれているものに夢も染まっていく

勝負の夏がやってくる。

君は大きく出た。目指すは、難関国立大合格。

第一志望学部は法学部。夢は弁護士になること。

囲まれているものに夢も染まっていく。

これもまたドラマの影響だった。

小学生の頃、NHKの朝の連続テレビ小説を見て学校へ行くのが習慣だった。弁護士の世界を志して、司法試験に挑戦するヒロインを描くドラマ『ひまわり』に心を打たれた。「人の心を救うような仕事をしたい」という思いを胸に、あらゆる角度から物事を検証し、人に寄り添い、助け、人生の力になる。

諦めないその姿への憧れは、高校生になっても色褪せることはなかった。

近づきたいという思いがエネルギーを生む。

「終わり良ければすべて良し」

この言葉の通り、受験という高校生活のゴールを良いかたちで締めくくりたいという君の思いはさらに強くなっていた。

戦いの場は、グラウンドから机の上へ。

部活を引退してから放課後は図書室にこもるようになった。

君だけではなく同級生たちが続々と机に向かう。

当時、ガラケーを持っている人はいたけどＳＮＳが広がる前で、つぶやきもせずにみんな黙々と机に向かっていた。

ここでは汗まみれになることも泥まみれになることもない。

それでも冷房の効いた図書室は静かに熱かった。

大切なことは
全部教科書に書いてあるよ

国立大学の受験は、大学入試センター試験（現在は大学入学共通テスト）と二次試験の合計得点で合否が決まるケースが一般的だ。

目指すと決めた時点でその大変さを覚悟はしていたつもりだったのに、5教科7科目のテストが待ち構えるセンター試験はやっかいな関門で……手強い門番が7人もいるような感覚に襲われた。

攻略の仕方を見つけるために知識を叩き込む夏期講習。

帰り道、気分転換に立ち寄った書店で気づけば棚を赤く染める赤本コーナーの前で佇《たたず》んでしまう。

目指す大学の赤本を手に取り、大学名をそっと手でなぞる。

弱気になる自分の励みになりそうな参考書を見つけて購入する。

そんなことをしばしば繰り返していた。

日に日にカバンを重たくしていく君は先生に指摘される。

「一冊でいいんだよ。一冊に絞って徹底的に何度も繰り返しやった方がいいから。それと大切なことは全部教科書に書いてあるよ」

早く教えてほしかったな……と、自宅にある大量の参考書を前にして思う。

そうしてとことん向き合うと決めた教科書はラインマーカーだらけになった。

「それだと逆に何が大事かわからないじゃん」とクラスメイトに笑われて、「確かに」と同調しつつ、本当は勉強した痕跡を何か残さないと不安だったのだ。

解釈次第なら可能性を信じたい

試練の秋がやってくる。

受けることのできる模試を君は基本的に全部申し込んだ。

受験本番という大きな目標までの道のりを分割し、模試という目先のゴールに集中力を高めて走っていく。

「願わくはそろそろ成績の飛躍を！」

そんな気持ちとは裏腹に低空飛行がつづいていた。

模試の結果が返却されたある日の帰り道。

電車を待つ駅のホームでクラスメイトとの会話は探り探りになった。

「判定どうだった？」

そう聞かれてどう答えるか君は逡巡する。

カバンの中には模試の個人成績表が入っているし、それをバーンと見せて「こんな感じ」と伝えれば良いのだけど気が進まない。

正直なところ、君の成績は芳しくなかった。

「えーっと、Ｃとかだったかな。いやあ、なかなかムズいよねー」

とっさに見栄を張ってしまうのが情けなかった。

「おお、Ｃか！　いい感じじゃん」

クラスメイトにそう言わせてしまうのも申し訳なかった。


実際のところは……第一志望Ｅ判定……。

合格可能性は20％以下。


それって捉え方によっては……５回に１回は受かるってこと⁉

一瞬行けそうな気がした直後、５年に１回しか受からないってことか……と崖から足元をのぞき込んでしまったかのような気持ちになった。

振り子のように感情は揺れる。でも、解釈次第なら可能性を信じたい。

自宅で見返した成績表を閉じて、大きく息を吐いて机に向かった。

真剣が深刻に変わってしまった時

今でも思い出すと心が苦しくなる思い出がある。

冬が近づいてくると大学の名前を冠した本格的な模試が学校で開催される。

いつもの教室で受けることができるから俄然「ホーム」感がある。

試験が終わると安堵感からか騒がしくなり、先生がクラスに入ってきても、みんなの会話が止まることはなかった。

受験にかける思い、それが真剣から深刻に変わってしまったのだと思う。

自分だけが取り残されているのではないか?

次第にその笑い声が、不甲斐ない自分に向けられているようでこらえきれなくなってしまった。

「静かにしろよ！」

声を荒らげたのは君だった。

しーんと静寂が教室を包み込む。

そんなに大きな声を出すとは……君自身も驚いている様子だった。

先生のフォローがあってその場は収まったものの、自分自身にショックを受けた。結果がついてこない焦りで心と体が噛み合わなくなっていた。

受験体験記を読んでいると、部活で培った集中力で急激に成績を伸ばしていくというようなサクセスストーリーを目にする。

そんなミラクルは起こる予兆すらなかった。

最寄り駅から家に帰るまでの寒くて暗い道のり。

自転車を漕ぎながら受験の神様に祈る。

「ねえ、本当に頼むよ。もっとがんばるからさ」

それにやっぱりここで諦める訳にはいかない。

アメフトでの負けは本当に悔しくてたまらなかったから。

気づいたことがある、不安なのは本気だからだ

決着の冬が来た。

一人で学校に行き、一人で帰宅することが増えた。

君は自分で選んでそうした。

時間さえあれば、こごえる手で単語帳をめくっていく。

全国にいるライバルたちに追いつき、追い越したかった。


「あいつ、推薦決まったらしいよ」

そんな話を耳にしても動じずに赤本を開いた。

この先どうなるかわからない不安から解放されるのは心底羨ましかった。

でも……気づいたことがある、不安なのは本気だからだ。この不安をエネルギーに変えて、自分で合格をつかみとるぞという心境に達していた。

自分を鼓舞するためにＱＵＥＥＮの『We Are The Champions』をエンドレスリピート

で聴きつづけていた。決して楽な道のりではない。くよくよせずに、すべてが終わるその時まで己と戦いつづけるんだと音楽で気分を高めていく。
今でもこの曲を聴くと受験期の精神状況に一瞬でひとっ飛びして、受験が人生のすべて、そう思い込んでいた切実なヒリヒリ感が再生される。

学校でも、自宅でも、机に向かう。
そんな自分は宇宙船のコックピットに座っているようだと感じていた。
目的地は入力している。日々、航路を進んでいく。
しかし、確実に到着するかは行ってみないとわからない。
思わぬところに不時着するかもしれない……。
そんな妄想の宇宙を漂いながら、夜食でおにぎりを出してくれる母の優しさに泣けた。

自分のすべてをここに出し尽くせ

君の受験合格作戦はこうだ。

とにかくセンター試験で高得点を獲得し、その得点のみで合否を判定する「センター試験利用入試」で私立大合格をゲットすること。

そんな一石二鳥の制度を使わない手はない。万が一、センター試験がうまくいかないことも考えて、滑り止めも含めて私立大に出願し、弾みをつけた上で第一志望の国立大受験へ挑むというプランを想定していた。

1月中旬、センター試験当日がやってくる。

「はじめ！」

試験監督の号令で、会場中に紙をめくる音が響いた。

試験時間をフルに使い、たとえわからない問題があってもマークシートのどれかを鉛筆で塗りつぶしていく。

自分のすべてをここに出し尽くせ、君は自分にエールを送る。

休憩時間になると、前の科目の問題について話している人たちがいた。

耳に入らないように昼食を済ませ、会場に戻る。

2日間にわけて行われるセンター試験は、翌日の新聞に解答速報が掲載される。自己採点をしてメンタルに響くのもよくない。見てしまいたくなる気持ちを抑えて2日目の試験に向かった。


試験後、時間をかけて車で迎えにきてくれた両親は何も聞かなかった。

エネルギーを使い果たした君に、ただただ「お疲れ様」と伝えてくれた。

きっと本当は、「どうだった?」と聞きたくて仕方がなかったと思う。

その心遣いが一番の労いだった。


翌日、自己採点。

「よし、よし、よし」と、テンポよく丸をつけていきたいのに採点をしながら「ん」と手が止まり、どの教科でもリズムは崩れていく。


「終わった……」

目標としていた点数に満たないどころか、これだとおそらく私立大のセンター試験利用入試の合格ラインにも達していない。

数日後、自宅のチャイムが鳴り、郵便局員の方が電報を届けてくれた。

センター試験利用入試の電報だった。急いで開封する。

やっぱり、不合格だった。

いや、わかっていたけど……。

文字になって手元に届くと作戦が崩れはじめた現実が押し寄せてくる。

君は急に不安になった。

滑り止めとかナメるんじゃない

まだだ。受験はまだ終わっていない。

1月下旬。君は滑り止めの私立大受験に向かう。

本番に弱いのか、そもそも実力が足りないのか不合格だった。

滑る、滑る、滑っていく。

決して甘い気持ちで臨んだつもりはないけど、対策をしていない大学にそう簡単に受かる訳がない。滑り止めとかナメるんじゃないと突きつけられた気がした。

私立大の受験料は1校につき3万円以上する。

しかもいくつもの大学に願書を出している。

シンプルなかけ算をして胸が締め付けられる。

受験票がただの紙切れになった夜に、君の両親が伝えてくれた。

「むしろいくつもの大学に入学金を振り込まなくて済んだから良かったよ。たくさん受かっても行ける大学は一つだから。第一志望はこれからでしょ」


第一志望の対策をしてきた自分を信じてほしいと伝えてくれているように君は感じた。

一つだけ朗報が届いた。


センター試験の点数が一定の水準に満たないと国立大では「足切り」が発生する。

門前払いかのように、試験を受けることすらできないのだ。

その足切りをギリギリ回避し、第一志望への挑戦権を得ることができた。

弱音を吐く時間すらもったいない

2月中旬。
2つの難関私立大の受験へと向かう。
手応えはなかった。
「難しかった……」という感想のみが余韻として残る。
そのうちの1校は、国立大の受験の前日に合格発表だった。
ここで自信をつけて第一志望の受験へと進みたかった。
ウェブサイトにアクセスする。

そこに君の受験番号は……なかった。

もう1校は、2日間にわたる国立大受験の1日目に発表される。
弱音を吐く時間すらもったいない。

そう思いながら机に向かい、教科書と赤本を復習する。

でも一つだけ君は言いたかった。

夜明け前が一番暗いと言うけれど、暗すぎるだろ。


2月下旬。

ついに、国立大の受験当日がやってくる。

その日の朝、母親との会話を今でも覚えている。


「もう、がんばったから良いよね」


君が母親に対して言ったその言葉は、どんな結果になったとしても受けとめるしかないという諦めと、後は出し切るだけだという潔さがあった。

高尾山にも登れていないのに、富士山登頂を目指すかのような無謀さがあったし、自分の実力が今どこにあるのかは遭難状態にある。

それでも登ってみたいと思える第一志望だった。

「うん、君はがんばってる。行ってらっしゃい」

母親は玄関から送り出してくれた。

君は志望校全落ちの状態で、2日間にわたる第一志望の受験へと向かった。

永遠に明けない夜などない

国立大受験、1日目。

ヒートアップするとはこういうことかと君は思う。脳のエネルギー源であるブドウ糖を人生で一番消費したのではないかと感じた。

すぐに君は帰宅する。

結果をまだ見ていなかったもう1校の私立大の受験票を手に、家族共用のパソコンを立ち上げた。

正直、厳しいだろうなとは思っていた。

でも、確認しない訳にはいかなかった。

ウェブサイトを立ち上げ、自分の受験番号を確認していく。

……………そこに君の番号はなかった。

見間違いかもしれない、もう一度見る。
やっぱりない。
カチカチッ。祈るように更新ボタンを押す。
再びマウスをスクロールする。
やっぱりないか……と思って、一番下までスクロールした瞬間。
そこには「補欠合格」という項目があった。

「あっ」

自分の分身かのように感じる君の番号があった。

「補欠合格B」


補欠という想像もしていなかった事態に慌てる。しかもB⁉

詳しく調べてみると、例年、繰り上げ合格があるらしい。

前年の実績では「補欠合格A」までが繰り上がっていた。

繰り上げ状況は随時ウェブサイトで発表するとのことだった。


こ、これは……。

いや、まだどうなるかわからない。

でも、永遠に明けない夜などない。そう予感させてくれる一筋の光があるだけで、明日の受験もがんばれそうだった。

ライバルたちよ、第一志望に行ってくれ

国立大受験、2日目。

泣いても笑っても、この日が君にとって最後の受験になる。

可能性に挑みたいという一心で会場に向かった。


帰り道、クラスメイトを見かけたものの、気を遣わせるのも気を遣うのも避けたくて、一人で電車に乗り込んだ。

君は、マフラーと手袋をして音楽を聴きながら自分自身と会話する。

「本当にお疲れ様」自分の心にそう伝えて帰宅した。


その日から、パソコンで確認する日々がはじまった。

更新はない。じっと椅子に座っていると画面が暗くなる。

真っ黒の画面に、祈るような表情の君が映る。

その翌日もアクセスする。更新ボタンを連打する。

その時、君の胸の内にあるのは不思議な気持ちだった。

これまでは他者を蹴落としてでも、自分が這い上がるんだと思っていた。

今、サイトを更新するたびに思うのは「ライバルたちよ、第一志望に行ってくれ」という他の受験生を応援する気持ちだった。

そうすれば、席が空いて繰り上がることができるんだ。

「フレー！　フレー！」と、同じ試験を受けたライバルたちに念を送る。

次の日、また次の日と、サイトを見にいく。
何度も更新ボタンを押した。
第一志望の合格発表を翌日に控えたその日。

あった。君の声は震えた。

長くて暗い夜はようやく明けた。

「補欠合格B」まで繰り上げ合格になった。

一つだけ自分でも想定外なことがあった。
繰り上げ合格となった私立大は「経済学部」だった。法学部ではない。
その大学は経済学部が有名だから記念受験しておくかと受けたのだった。何一つとして作戦通りにはいかなかったけれど、ここまで来たらこの現実を受けいれたいと思った。

たどりついたのは負けた先にある清々しさ

翌日、第一志望の国立大の合格発表を大学まで見に行く。

そこに君の番号はなかった。

君は負けた。君は選ばれなかった。
大学アメフト部に胴上げをされている人たちの間を抜けていく。
合格者の受験番号が並ぶ掲示板から離れながら思った。
さようなら。ありがとう。
この大学の存在が、自分を強くしてくれた。
そこには、やりきった顔をした君がいた。
たどりついたのは負けた先にある清々しさ。

ようやく、ここまで来られた気がした。


第一志望校に落ちて、補欠合格の大学に行くことを学校に報告する。

「運も実力のうちだよ」と励ましてくれた先生もいた。

今の僕にしっくり来るのはこうだ。

「運も運命のうち」

最後まで諦めない君の姿を、誰かが見てくれている。

間違いなく君自身が見ているし、君は自分のかけた時間を知っている。

自分ではコントロールできないことに直面した時、後は運命に身を委ねてしまっていい。

そしたら「こっちだよ」と導かれる瞬間がやってくる。

選ばれる、選ばれないを超えて、きっと呼ばれる気がするから。

明けない夜などないと信じていい。

諦めない君の姿を、
誰かが見ている。
後は運命に身を
委ねてしまっていい。
導かれる瞬間が
きっとやってくる。

第3章

「キャプテン」に選ばれなくても

何に「貢献」するかを決める

どの約束に会いに行くか、それは君の自由だ

できるだけ、の話。

ご飯を一粒も残さずに食べたい、そう思っている。

それが腹の底から欲しているものならなおさらそうだ。

食べることも学ぶことも大切なものを体に取り入れるという点では同じで、補欠合格で何とかスタートできる大学生活を思う存分味わいたいと君は思っていた。

入学前の妄想は膨らみ、こんなことを考えていた。

アルバイトなのか部活なのかサークルなのか、その先では一生忘れられない経験が待っているはずだし、在学中に何か資格試験にチャレンジしたっていい。

ゼミでは同級生と自由闊達な議論を重ねて、ゆくゆくは後輩からも憧れられて……というベタすぎる未来予想図。

高校ではアメフト漬けで、その後は受験勉強に追い込まれていたし、大学生らしいこと

を謳歌したい。入学式に向かう君の欲求は桜と同じくらい満開になろうとしていた。

静寂にこそ品格があるというような入学式が醸し出す雰囲気は、中学校や高校とそう変わらないのだと思いつつ、驚いたのは入学式を終えてキャンパスに出た後だった。

まるでお祭りだった。

いくつもの部活やサークルがチラシを配り合う勧誘合戦。

「入学おめでとう！　後でいいから見といてね」

「身長いくつ？　良いガタイしてるなぁ」

君のその見た目から、やはり体育会系の人たちから声をかけられることが多かった。

わんこそばのようなテンポ感で次から次へとチラシが手渡されていき、いつの間にか両手は一杯だった。

「履修のアドバイスもするから、来てね」

その後の数日間は「新歓コンパ」という名の歓迎会が各所で開催されるのだ。

どの約束に会いに行くか、それは君の自由だ。

自由ゆえに未知すぎて、期待と不安のおしくらまんじゅうがはじまる。

クラス別に大学生活のオリエンテーションがあり、指定の教室の席にたどりついても、人から受け取った熱の余韻で心はふわふわしていた。

思い出をあのまま終わらせたくない

君は決めかねていた。
受け取ったチラシから広がるたくさんの可能性。
遊び、旅行、思い出づくり、見るからに華やかで楽しそうなサークルもある。
それこそ体育会でスポーツをガッツリやるという選択肢もある。
いっそ大学に通いながらアルバイトに邁進するのだって良い。

自分は何をしたいのか……？

やっぱりという思いは強い。
アメフトをやりたい、と思った。
人と気持ちがつながる瞬間が好きだから。

自分に問うてみる。違うスポーツでもいいんじゃない？

いや……高校時代のあの日、アメフトの最後の試合での敗北。受験で悔しさを塗り替えたつもりだったけど、このスポーツの思い出をあのまま終わらせたくないという気持ちがあった。

だったら、体育会でおもいきりやりなさい！　となるのだけど、大学生活のすべてをそこにかけるのもな……と迷う君がいた。

何か決め手になるような出来事があれば……そんな時だった。

「アメフトを真剣に取り組みつつ、アルバイトをがんばったり、ゼミをがんばったりなどもできる準体育会です！」

今思えば、「一つのことだけに集中するのはちょっとな……」と新入生が思うのは「あるある」なのかもしれない。しかし、欲張りたい君の心をちゃんとわかっているよと言わんばかりの魅惑的な謳い文句に「よし、ここだ！」と見事に背中を押された。

こうして大学の準体育会のチームへの入部を決断した。

気づいてしまったら最後だった

同時に君には気になったチラシがあった。

「ダブルスクールで資格ゲット」という見出しに君の手が止まった。

それは、公認会計士の専門学校のチラシだった。

弁護士になりたいという目標を掲げたものの法学部には行けず、進学した経済学部。

今思えば、別に法学部でなくとも、弁護士になるための方法はいくらでもある。

そこに頭は回らずに、「専門的なスキルを手に入れたい」「手に職を付けたい」という願望で一杯だった。

君は思った。経済学部からの公認会計士、いいじゃないか。

誰だって何かのはじまりには、特別な自分になることを夢見る。

キャンパスの近くにある専門学校の説明会に行ってみることにした。

在学中に合格した人の体験談を聞く。

そんなミラクルをやる気次第では起こせるのか。

もしかしたら自分も……と思い、君の心はルンと弾む。


一番のハードルは入学金だった。ウン十万円もする。

どうやっても自分で出せる金額ではなかった。君はおもいきって両親に話した。

「本気なの？」

「うん」

「本気ならいいんじゃない？」

後押ししてくれる、その思いが嬉しかった。

入学届を出しに行くと分厚い教科書を手渡される。

そこから、平日の大学の授業の後、時にはアメフトの練習を休ませてもらって授業を受けにいく。どれくらいの期間で学ぶかのコースが設定されており、個別に勉強が可能なようにすべてＤＶＤ授業になっていた。

それぞれのペースに合わせて学んでいけるなんて素晴らしいと思っていたけど、机は区切られていて、他愛もない話ができる同級生がいないことは寂しかった。

帰り道は一人で音楽を聴きながら電車を乗り継いでトボトボ帰る。

あれ……。これで良かったんだっけ……？

なんだか大学受験期に逆戻りをしてしまったような心の苦しさを感じた。

次第に授業は難解な内容に移っていく。電卓を叩く手が止まり考えてしまう。数字と向き合うおもしろさは感じる。けど、これを1年2年とずっとやるのか……。気づいてしまったら最後だった。

予備校に行く足取りが重くなる。学習スケジュールはどんどん遅れていく。何とか教室に向かいDVDを借りるも、事務の人に、「おっ」という顔をされる。きっと最近来ていないことも悟られている。

行きたいと言ったのは君だったし、お金も出してもらっているのに……ダサい。ダサすぎる。自らを奮起させるけど、いよいよ苦しくて、もうこれはダメだとなって、正直に両親に打ち明けた。

「ごめんなさい、無理でした」

「いいのいいの、社会人になったら返してね」と笑って、その後、責めることもなく君を見守ってくれていた両親はのちにこう言ってくれた。

「アメフトしてる方が楽しそうだったから」

取り組むことに楽しさを見つけないとつづけることはできないんだ。

手痛い思い出とともに君の中に刻まれた。

受けた影響を肉眼で確かめたい

想像を超えるかもしれないし、幻想が崩れるかもしれない。

そのどちらにせよ影響を受けたものがあるのであれば、ちょっとでもその現場に近づいてみると見えてくるものがあると思っている。

小さい頃から影響を受けてきたテレビの世界はどうなっているんだろう?

君はテレビ番組のアルバイトをすることにした。

１９８７年からテレビ朝日系列で放送されている、田原総一朗さんが司会を務める『朝まで生テレビ!』の学生アルバイトに応募して参加できることになった。

シフトは毎月の最終金曜日、深夜から朝にかけての生放送だった。


アルバイトに入る日、君のスケジュールは若さに物を言わせていた。

金曜日の午後からアメフトの練習に参加し、夜になったらテレビ局に入る。

最初に全スタッフで打ち合わせをしてから、お客さんやパネリストの誘導など、生放送するために必要な業務を十数名の学生アルバイトたちで分担し、サポートしていく。

仕事を終えて食堂で朝ごはんをいただき、テレビ局を出る早朝7時頃の空気はひんやりと冷たかった。

深呼吸をすると瑞々しい空気が胸に広がっていく。

そしてその後、3~4時間の休憩を挟む。

それから土曜日午後のアメフトの練習へ。

練習後、帰り道の電車では目を閉じたらいつの間にか降りる駅だった。

無茶をしているなという思いもあったけど充実感と疲弊感が肩を組んでいる感じは悪くなかった。

アメフト以外の新しい世界を確かめるために体力が0になるまで動くのは、「大学生活をやりきりたい」という君の思いの象徴だった。

当たり前に見ていた番組の裏にある準備、関わる人の多さ、責任の重さと達成感。受けた影響を肉眼で確かめたい、その収穫は間違いなくあった。

本気になれば心と時間は奪われる

大学アメフトの世界では、高校でアメフトを経験してきた人を「経験者」と呼び、非常に重宝される。

人とぶつかるコンタクトスポーツでは体の使い方を知らなければ、そして日々の鍛錬がなければ大怪我につながる可能性だってある。

ある程度体は仕上がっているし、ルールも把握していてチームの頭数にすぐ入れられるので経験者の存在は貴重なのだ。

君も入部当初は「練習に来てくれてありがとう」という歓迎ムードを肌で感じつつも、当たり前だが試合が近づいてくるとチームの緊張感は増した。

空気は張り詰め、笑顔だけでは終わらないこともあった。

1年生から4年生までの大所帯の中でどうやって自分の意見を伝えていくのか、それは君にとって未経験の出来事だった。

チームに感じる理不尽に対して君は下級生として不平不満を言うこともあった。

ただ、学年が上がっていくとチーム運営の責任を担うようになっていく。

若い時の批判は似合うけど、愚痴や不満だけではチームは回らない。

上級生になれば現実を受けとめてチームを回していかないといけない。

本気になれば心と時間は奪われる。向き合うものの存在感は大きくなることを知る。

次第に他の用事があったとしても練習を休む後ろめたさは強くなった。

君はもう大学3年生になろうとしていた。就活だって考えないといけない。

アメフトの先輩たちが就活に取り組む姿を見て、うまくいっている人もいれば、なかなか内定が出ずに焦っている人もいた。

就活という自分のこれからを左右する大切なイベント。

「絶対妥協しない、本気で取り組む」

何とか両立して挑みたいと君は考えていた。

ダメでもともとなら、せめておもいきり

これは君がmixiに残していた日記だ。

「仲間と夢」

自分が成し遂げたい夢は、
今の仲間から離れなければ
成し得ることはできない。
そんな時どうするだろうか？

仲間から離れる勇気。
仲間を大事にする信念。

そのどちらも大事なものだし、
はかりにかけることはできないのかなぁ。

今でも悩んでいます。


いよいよ就活がはじまるという時。

答えの見つからない葛藤は大きくなって、言葉にして吐き出さないと心は張り裂けそうだった。


「あのさ、インターンシップ申し込む？　どうする？」

大学生を対象とする夏のインターンの情報が出はじめて、大学の教室でも探り探りの会話が繰り広げられていた。

大学3年生の君が惹かれたのは広告会社のインターンだった。

自宅のパソコンで開いたエントリーページ。

「昨年の様子」と題した映像は大げさではなくミュージックビデオのようだった。

会議室に集う参加者たちが真剣に講義を受け、グループワークは白熱し、プレゼンに向かう映像がテンポよくテンションの上がる音楽とともにまとめられていた。

気分の高まりに合わせて参加者のメッセージが表示される。

「世の中に少しでも幸せのピースを届けられたら嬉しい」

憧れた。広告の仕事の詳しいことはわからないけど心に響いた。

「果たして自分は、この場にふさわしいのだろうか？」

そうとも思った。それでも興奮は止まらない。

ドク、ドク、ドクと脈拍が上がる。

もう一度動画を再生して、そこに参加している自分を夢見るようになる。

「参加してみたい」

参加期間を確認して、君は唇をきゅっと結んだ。

「10日間」

ぐぬぬ……それはもし参加することになったら、仲間と離れて夏の練習を丸々2週間離脱することを意味する。

アメフトの先輩たちでそんな長期間を就活ですら不在にする人を見たことはなかったし、ましてやインターンでなんて……。

申し込んだ全員が参加できる訳ではなく選考の倍率は相当なものだという噂だった。

ダメでもともとなら、せめておもいきり。

受ける前に先輩に話してダメだったら恥ずかしい。

受かったら先輩に話してみよう、君はそう考えた。

これまでの当たり前をはみ出してしまうかもしれないけれど、そういう人がいても良いという新しい道になれたらとも思った。

近くにいる人だからこそ照れてしまった

自分の胸の高鳴りに応える準備をしようと動きはじめた。

エントリーシートなんて書いたことがなかった。

一度書いてみて、仲の良い後輩に、「こんなの書いているんだけど」と見てもらう。

今思えば後輩の優しい配慮だったと思う。「すごいっすね」なんて言ってもらえて、勢いをつけた君は勇気を出して次はゼミの先輩に見てもらう。

そこで、至らない点にガッツリ赤字が入る。

さらにはその先輩に「会っておいた方がいいよ」と昨年インターンに参加した人を紹介してもらいアドバイスをもらった。

アメフトの同期に対しては見せなかった。

近くにいる人だからこそ照れてしまった。

君の中には抜け駆けをしているような後ろめたさもあった。


インターンシップの面接ではこう話した。

「心を動かされてしまって僕はここにいます。これこそが広告なのではないかと思ったんです」

正直で嘘のない素直すぎる志望動機。

緊張はしたけれど面接官の方たちに届いたような手応えがあった。


決まった。

インターンに参加できることになった。

そのことを先輩に報告する。そして同期や後輩にも伝えていく。

「がんばって行ってこいよ！」

そう送り出してもらえたものの……。

今となっては、「チームワーク」を考える上で君の行動に対してきっと色んな思いを抱いた人がいたのではないかと想像する。

離れたからこそ大切なことがわかる

君はこんな言葉もmixiの日記に書き残していた。

「すべての出会いに感謝」

抽象的な言葉を使う照れ臭さが吹き飛んでしまうくらいに、インターンでの経験は貴重で特別なものだった。

サークル活動に励んでいる人、海外で経験を積んでいる人、デザインで勝負しようとしている人。君のようにスポーツに邁進する人。たくさんの出会いがあり、まるで昔からの友人のように思える人もいた。

わかったことがあった。

座学からはじまり、個人ワーク、そしてグループワークへと発展していくインターン。

世の中にある課題をコミュニケーションで解決していく広告という仕事。

その感触がわかったのはもちろん、向き合ってきたアメフトというスポーツのことがわかったのだ。


ポジション別に明確な役割があり、専門性を磨いていく。

意見や考えはバラバラで、衝突することだってある。

それでも一つの目標に向かっていく喜びがある。

一人ひとり違う人間だけど、一緒だと感じられる瞬間があり、君はそれを何よりも魅力に感じていた。

離れたからこそ大切なことがわかる。

広告とアメフト。全然違うことのようで、似た温度を君は感じていた。

インターン終了後に参加者の感想を事務局に送る。

そこで君はこんなメッセージを送った。

「キツイ練習、勝利の瞬間。グループワークは、アメフトに似ていた」

君の中でアメフトにかける思いは強くなっていた。

君はアメフトの日々に戻った。

冬に開催される選手権大会は準優勝で幕を閉じた。

一つ上の先輩たちが引退をし、年が明ければ4年生になる君たちの代がはじまる。

誰がこのチームの主将を務めるのか？

主将会議が行われることになっていた。

そこで君は、主将に立候補しようと心に決めていた。

建前の裏には本音が隠れている

この日、勝負の場は大学の教室だった。

引退する先輩たち、最上級生になる君たち、そして後輩たちが参加する主将会議。

大学には余裕を持って到着したものの、早く着きすぎるのもなと思いキャンパス内をぶらぶらして、スタート数分前に君は着席する。

雑談が飛び交う和やかな空気感の中で君の心臓はバクバクだった。

どんな話し合いの流れになるのか？　まったく予想がつかなかった。

「じゃあ、はじめますか」
先輩の一声でみんなのスイッチが入りピリッと空気が張り詰めた。

会議の流れが説明される。
希望者は立候補をし、その人がふさわしいかを話し合い、決定する。
明快な決め方だった。
さっそく主将に立候補する人がいたら挙手することになった。
会議室に緊張が走る。

「やりたいです」と君は手を挙げた。
挙手をしたのは君だけではなかった。
君は話した。
このチームを背負っていきたいこと。
中学3年から大学までつづけて、アメフトというスポーツに惹かれていること。
オフェンス、ディフェンスのスタメンとして、引っ張っていきたいこと。
そして何よりいいチームをつくっていきたいこと。

夢中で話した。

この気持ちは伝わったのではないかと思った。

いや、伝わっていてくれと強く願った。

でも、先輩から返ってきた言葉に君の頭の中は真っ白になった。


「本当に、阿部に対して腹を割って何か話せる？」


先輩から、君と同じ代の同期たちに向けた問いかけだった。

きっとその答えはそれぞれの胸の内にあったのだろう。

ただ、その問いかけが出てくる時点で致命的にも感じた。

離れたからこそ君が気づくことのできたアメフトの魅力。

チームと共有せずに、自分一人だけで舞い上がっていないか？

チームを背負いたいと言うけど、お前は同期と向き合えているのか？

そんな疑問を突きつけられた気がして、その場にいる同期や後輩たちの顔を見ることができなくて、水中で息を止めているようにただただ胸が苦しかった。

一生懸命にやってきたつもりだったのに……足りなかったのかな。
照れるから伝えられない。そんなことを言っている場合じゃなかったんだ。
どこからやり直せばいいのか、それすらもわからなかった。

君は主将に選ばれなかった。
最後は話し合いになり、バランスを考えた上で副将の方が良いという結論だった。
建前の裏には本音が隠れている。
足りないものがあるのだと指摘されたことは君もわかっていた。

主将会議を終えて、教室を出て一人で帰った。
こういうところがダメなのかもな、と君は思った。
でも、今この瞬間だけはみんなと一緒にいられないと思った。
何でこうなっちゃったんだろう……。
新しい世界を知りたい。外へ外へと気持ちが向いていた自分は確かにいた。

「すべての出会いに感謝」と書いていたけど、その感謝の思いを自分はチームメイトに向けられていたのか？
自己嫌悪が体の真ん中に渦巻いていく。
なんでもかんでもやろうとしたバチが当たったのかな？
欲張りだったのがいけなかったのかな？
自分にとっては挑んでいたことも逃げているように感じられていたのかな？
答えは出なかった。
ただ、ぽろぽろと涙がこぼれてくる。

何に貢献したいか？
それが一番大事

できるだけ早く立ち直りたかった。
この気持ちのままじゃチームメイトに合わせる顔がないと思った。
なんで主将になりたかったんだろう？
主将という肩書きがほしかったから？　違う。

主将の方が就活で有利だから？　絶対に違う。

そんな訳がない。

このチームに貢献したかったからだ。

このチームの力になりたかったからだ。

何に貢献したいか？　それが一番大事。

役職なんて肩書きなんて本当は関係ないんだ……。


先に君が、君自身の腹を割ること。

人とのつながりを大切にしたいと思っていることに嘘はない。

練習や試合をプレーで引っ張るだけじゃなくて、他にも自分にできることがあるはずで、たとえば練習の行き帰りの声かけ、さりげない一言を大切に伝えていくこと。

そして、よく話を聞こう。

揺れて、迷って、戸惑って。

ようやく気づいた自分だからこそ聞ける話があるかもしれない。

もう遅いかもしれないし、あいつは挽回しようとしているんだ、そんな風に思われるかもしれない。

いいじゃないか。開き直ろう。だってこれが自分自身なんだから。

チームに貢献できると思ったことがあれば動くべきだ。

新しい代になれば、新しい風が吹く。

新しい風に乗って、新しい自分になるんだ。

その不安は一緒に進もうとしている証

ある日の練習帰りのことだった。

「先輩だから話せるんですけど……」と後輩が打ち明けてくれた。

最近、同期の一人に対して不安を感じることがあるそうだ。

「あいつ、変わっちゃったんですよ」

あぁ、もしかしたら自分もこんな風に言われていたのかなと君は思った。

君は後輩に言った。

「あくまでも俺の意見なんだけど、みんなどこかで少しずつ変わっていってると思うんだ。

不安に感じることは全然間違ってなくて、それぞれが変わろうとしているからこそ、どこに向かうのかとか、何をするのかとか気になるし、不安になると思うんだよね。立ち止まって、語り合う時間をつくって、一緒に進んでいこうよ」

後輩に話したのは君自身の話だった。

自分から腹を割って話すことで、みんなの心が開いたように感じていたのだ。


大学最後の試合。

君たちの代は選手権大会の決勝にコマを進めた。

13年ぶりの優勝を成し遂げた、その時。

チームに貢献したいという君の気持ちは報われた気がした。

晴れやかな気持ちで満たされていく。

そこには間違いなく気持ちが一つになる瞬間があった。

アメフトでは円陣を組むことをハドルと呼ぶ。

その時のハドルの写真を君は今でも大切に持っている。


人は誰しも少しずつ変わっていく。

チームや組織に所属していると、自分と周囲を比べて立ちふるまいが合っているか、もしくは置いていかれていないか不安に感じることもあるだろう。
でも、その不安は一緒に進もうとしている証でもある。
そんな時、何に貢献したいかを思い出してみよう。
言葉にして行動に移した時、モヤモヤが消えて心が晴れていくと思うから。

何に貢献したいか
思い出してみよう。
それを言葉にして
行動に移した時、
モヤモヤが消えて
心が晴れていくから。

第4章

「就活」で悩んだ時に

「自己肯定感」より「自己選択感」

せっかくかけるなら自分が幸せになる色メガネを

集合場所は喫茶店だった。

サイフォンでコーヒーを出しているような本格的な佇まいで大学生の君が行ったことのないタイプのお店だった。

この鼻をくすぐるいい香りにはリラックス効果があるのだろうか、緊張をほんのりと和らげてくれていた。

大学3年生の時に君が経験したインターンを経て、さらに広告業界のことを知りたいと思い、社会人の先輩たちに会いに行っていた。

着慣れないリクルートスーツを着た君の前には、大人の魅力たっぷりのダブルスーツの先輩。40代のその先輩は広告会社で営業の仕事をしていた。

「どんな仕事をしているのか？」「どういう業界なのか？」ひとしきり話を聞き終えた後にこんなやりとりがあった。

「今日は貴重なお時間をいただき本当にありがとうございました」

「少しは参考になったかな？」

「はい！　やっぱりワクワクします」

「就活は自分の人生を切り拓いていくエキサイティングな経験だよ。がんばってね」

君はノートにすぐメモした。

「人生を切り拓いていくエキサイティングな経験」

この言葉が就活をはじめたばかりの君の考え方をガラリと変えた。


そう、義務だと思っていたのだ。

「どうする？　どこ受ける？」と、ある時期から周囲の誰かがささやきはじめる「就活」という儀式。

スポーツをしていても、アルバイトをしていても、勉強をしていても、チラチラ気になってしまって仕方がない。挙句の果てには、どうしていけば良いのかわからなくなってモヤモヤに包み込まれていく。


エキサイティングな経験という一言があることで光が差し込むように感じた。

この先の景色は用意されている訳ではなく自ら切り拓いて見つけていくものなんだ。

前を向ける解釈を手にして、やる気にエンジンがかかる。

そこにはこれからの日々を変えていける予感があった。

人はみな、「ものの見方」という色メガネをかけている。

せっかくかけるなら自分が幸せになる色メガネをかけた方がいい。

新しい自分と出会えるこの機会を楽しみたい。

そんな心構えを自分の中にインストールできた。

会話はお互いを知るキャッチボールだ

嬉々としてOB訪問に行くものの君はしどろもどろだった。

喋っている途中に自分が何を話しているのかわからなくなるのだ。

不意に飛んでくる先輩からの質問に何か答えなくてはと焦って君は見切り発車で話をはじめる。

終着駅が見えていない君は話の行き先を見失ってしまい泥沼に……。

さらに君は、「喋っている感」を何とか出したくて、先輩の話に対して、「そこがポイントなんだよなぁ」「そう書いたのは自分なりの意図があるんですよねぇ」と心の中の声をさりげなく声に出していた。

「君さ、やめなよ。その独り言みたいなの。話している中で生まれる間とか空白とか、無理して埋めようとしなくていいから。喋るなら、自分の思いを相手に向けて喋っていいんだよ」

先輩に見透かされてしまった。

君は無言の時間を埋めたいと思っていた。沈黙が怖かったのだ。

でも、いざ話そうとすると言葉に詰まって口ごもる自分がいる。

会話はお互いを知るキャッチボールだ。相手が社会人の先輩だったとしても、心地よく、軽快にやりとりできたらと思う。一人でボールを持て余しつづけるのは寂しすぎる。

「何とかしたいんです」と君が伝えたところ「場数だよ」と先輩は言う。

「後は準備だよね」と。

何を話すか定まっていなかったらそりゃいきなり話せないでしょ、と。

はじめましての自己紹介からどうやって関係を築いていけばいいのか？

その時、君にはまだ攻略法が見えていなかった。

自己分析をして、自分をちゃんと伝えなければと思った。

選択にこそ自分らしさが宿る

とはいえ君はこの「自己分析」という言葉に悩んでいた。

「自分を分析するってどういうこと……？」

いちいち言葉に突っかからなくてもと思うけど、やるからには心にちゃんと落とし込みたい。もちろん、それが意味するのは自分を知ること理解すること、そして伝えていくことだというのはわかる。

ただ、機械を通せば成分表が出てくるような明確な答えが出てくるイメージに疑問を持っていた。

何度自己分析をしても、君はなかなか結論にたどりつけない。

考える時の気分やタイミングで感じ方は変化するし出てくる言葉も変わる。

のぞき込んでくるりと回すと様々な模様を見せる万華鏡のような状態だった。

君はOB訪問をした先輩に聞いてみた。

「志望動機を書いているんですが、実は自己分析というものがわからなくて……」

君の迷いに対して先輩はこう言ってくれた。

「選択にこそ自分らしさが宿るから選んできたことを思い出せばいいんだよ」

「選んできたこと……ですか？」

ぽちゃんと水滴が水面に波紋を広げていくように君の中で響きわたる。

先輩はつづけた。

「たとえば、サークルでもアルバイトでもいいんだけど、同じことをやっている人は日本中に何人もいるよね。その人たちが全員一律で同じ印象になるなんてことはあり得ない。それを選んだ理由は人それぞれで、そこにこそ、その人の個性があると思うんだ」

なぜそれを選んだのか？

いくつものY字路を選んで君は今ここにいる。

選んだ理由にこそ、君の自分らしさがある。

もちろん無意識に選んできたこともあるだろう。
そこにはまだ言葉にされていない思いが眠っている。
自己分析じゃなくて自己選択をじっくり見つめていけばいいんだ。

たとえ周囲からやっていることがばらばらのように思われたとしても、そこにはちゃんと君が選んできたという一貫性がある。自分にとっては辻褄《つじつま》が合っていることを人と分ち合えばいいのだ。

点を線にして星座が生まれていくように、自分だけの物語をそこに見つけて言葉にしていけばいい。そう思えた時、胸のつかえが下りてすっきりした。

自分に対して パワハラしてはいけない

大切なのは過去の自分に対して敬意を持って接することだ。
これまで自分が選んできたことをリスペクトしたいと思う。
今の僕は、「自己肯定感」とはすなわち「自己選択感」なのではないかと思っている。

自分の価値を認めて、自分の存在を自分で肯定する感覚を「自己肯定感」と言う。

時に人は「自分なんてダメだ」「自分は人よりも能力が低い」と自分を過小評価してしまい自信を失ってしまうこともあると思う。

それでも、自分に対してパワハラしてはいけない。

立場が上の人が下の人に対して暴言を吐くことがある。他人のパワハラに対しては敏感な世の中だけど、自分自身に対して追い込むように上からガンを飛ばすようなことはしてはいけない。

今はまだ芽が出ていないとしても、ここに至るまでのいくつもの選択がこれからの何かしらの伏線になっていくと考えたい。

自分のこれまでが、これからを導くのだから。

この考え方は、今の自分を受けいれることからはじまる。

選ばれない中でも、自分が選んできたことをまず信じてあげること。

それが自分自身を肯定することだと思っている。


そうして君自身もこれまでの選択をたどっていく。

今ここに至るまで、そして広告という仕事に惹かれている理由を言葉にしていった。

過去の選択の中に未来のヒントがある

孤独と向き合う時間が長かった中学時代。
人との関わりに飢えていた自分が変わりたくて飛び込んだアメフトの世界。
高校時代の受験勉強を経て、何とか進学できた大学。
アメフトをつづけて、広告の仕事を知りたくて参加したインターン。
どうしてアメフトにここまで惹かれているのか？　君は考えた。

試合に勝つことが嬉しいから？
それはもちろんある。
でも、それ以上に円陣を組むハドルの瞬間が嬉しいのだ。
大事なタイミングでかけ声とともにハドルを組む。

「オールメンハドル！」


声を枯らすほどの熱量で仲間の輪を鼓舞していく。

この半径3メートルは無敵だと思った。

気持ちがつながり合い、すごく生きている感じがする。

試合の流れを変えるビッグプレーが飛び出した時には、全選手、全スタッフ、お客さんも、グラウンドが一つになる確かな手応えがあった。


気持ちがつながるこの瞬間、この一体感が大好きだ。

感情がこぼれだして、目頭が熱くなる。

あぁ、生きてて良かったなぁと思える。


テレビ番組のアルバイトでは達成感があった。

たくさんの人に情報を伝える、その魅力を感じた。

広告はどうだ？

この仕事はテレビだけではなくあらゆるメディアの中から選択し、あるいは組み合わせて、一つのメッセージが共有されて世の中に新しい動きが生まれていく。
触れる前までは無関係だと思っていたのに、温度のある関係が生まれていく。
先輩が教えてくれた言葉があった。
「一を聞き、十を知り、百を考え、千を伝え、万を動かす」
そうか。広告の仕事とは、世の中に一体感をつくる仕事なんだ。
もし一体感をつくれるのであれば、自分はどこまでも生き生きとがんばれる。
そこで生まれるつながりは、まだ見ぬ誰かさえも変える。誰かを孤立から救う。
その誰かは、かつての自分自身でもある。

過去の選択の中に未来のヒントがある。
自己選択を丁寧にたどっていく。
そうすることで、これまでと今、そしてこれからの道が言葉でつながった気がした。

避けた道もヒントになる

選択を思い出しながら君はほろ苦い気持ちになった。

大学入学当初、公認会計士の専門学校に通い挫折したこと。

もはや黒歴史として目を背けたい経験だった。


取り組んでみよう！　そう思ったあの時、心が惹かれたのは本当だった。

ただ、それを成し遂げた時の肩書きや周囲からの評価に目が行って、仕事として取り組んだ時に自分はどうなっていたいのか？　そこまではまったく思い描けていなかった。


表面的な動機は根が浅いからすぐに抜けてしまう。だから自分という木がなかなか育っていかない。その苦しさともどかしさに体は反応し、顔から表情が消えていってしまう。

一方で、楽しさに人はどんどん引き寄せられていく。

のめり込み、いつの間にかたくさんの成長の果実を人と分かち合える。

人間のとても正直で生々しい行動原理。

これは、君自身が経験してわかったことだった。


過去の選択を振り返る時に君は気づいたことがある。

それは、避けた道もヒントになるということだった。

好きなことや楽しいことばかりじゃなくて、嫌いなことや苦手なこと、それに遠ざけてしまったことに目を向けることも立派な自分を知ることだ。

そこにはたくさんの示唆が含まれているし、好きなことが見つからなくても嫌いなことを避けていけばいつか自分なりの心地よさまで到達するはずだ。

歴史は繰り返すように好きも嫌いも繰り返す。

どちらも大切で、どちらか片方が絶対ということはない。

これからの自分を占うヒントにすればいい。

自分という存在の輪郭が見えて、君は自己紹介できる自分が見えてきた気がした。

その他大勢になっちゃダメだ

君はエントリーシートを書いて社会人の先輩たちに見てもらった。

時に優しく、時に厳しく先輩たちは伝えてくれる。

「エントリーシートを読んだ人が君の働く姿を想像できるかどうかが大切なんじゃないかな。この質問項目、困難な壁に直面した時にどう乗り越えるかを聞いてるけど、仕事がうまくいかない時にどう立ち向かうかを知りたいってことだと思うんだよね。書く時にそのことを意識してみたらどうかな？」

質問項目の奥には意図が込められていることを君は知った。

他の先輩が言ってくれた。

「その他大勢になっちゃダメだ。読み手はとてつもない量のエントリーシートを読む訳だから、おっ、この人は何か違うぞ！　と思ってもらうために冒頭にタイトルを付けて惹き込みたいね。審査員は疲れている。そう思っておいた方がいいよ」

会話を重ねることで新しい窓が開いて見える景色が広がっていく。

次第にまとまってきた自分の思いを、せめて緊張しすぎずに話せるようになりたい。

君は台本をつくった。

先輩のアドバイス「場数だよ」を実行に移すためにも、想定される質問項目に対する答えをノートに書いて小さな声で音読を繰り返す。こんなことを伝えてくれた人もいた。

「社会人ってなんでも知ってる訳じゃないからね。僕らが知らないことを大学生の君は知ってるんだからそれを教えてほしいな。君が今見てることや感じてることをさらさらっと伝えるんじゃなくて、顕微鏡でのぞくように言葉にしてみてよ。そうすると僕ら社会人は食いつくから」

惹きつけることを意識して書いた台本を覚えて、いざ話すとなったらその場のやりとりを楽しむことに集中した。そして、社会人の先輩に会う時にただ質問を繰り返すのではなく自分なりの考えを織り交ぜて問いかけるようになった。

ある時の話だ。

金曜日の夕方にお会いした先輩への御礼のメールを月曜の昼過ぎにしたところすぐに返信があった。

「遅い。御礼の連絡をするなら早ければ早いほどいいよ」

本来であれば目の前に現れた大学生に対して何事もなく終わらせるのが一番楽なはずな

のに、この先のことを思ってちゃんと伝えてくれることがありがたかった。
1回1回、先輩と話すたびに映し鏡のように自分のことを知り、磨かれていく。
中学時代、逃げるように家に帰ってしまうくらい人見知りだったのに。
会って話すことが一番の就活の勉強になっていた。

自分の選択を正解にしていけばいい

話す中で先輩たちが食いつく場所を知る。話すほどに語るべき内容と覚悟が固まる感じがした。そして大事なのは「納得」なんだと君は気づいた。
短い面接の時間ですべてを理解してもらえるなんてことはありえない。けれど「なぜここに来たのか？」という君の志望動機について「おお、なるほど！」と納得してもらえれば関係は次へとつながっていく。

行きたかった広告会社。
先輩たちから教わったことを活かして面接に挑んでいく。

一次、二次と通過して、いよいよここが最後の難関と呼ばれる面接まで来た。
よし、いい感じだぞ。
そう思いながら順調に進んだ面接でその質問は飛び出した。

「ライオンとワニ、どっちが強いと思う?」

君は目を丸くする。
え、何それ? これはなぞなぞ? 一体何だ……。
頭をフル回転させる。
この問いに正解なんて……多分ない。
きっとどんな風に答えるかを見ているんだ。
自分も、相手も納得できることを言おう。

「ライオンは群れで動きます。チームワークを駆使しながらワニに立ち向かうことができるので、強いのはライオンだと考えます」

君の答えに対して何も言わず、面接官は「ありがとう」と笑顔で言った。

君は面接を突破した。内定を得て、就活はゴールを迎えた。

その結果を得られたのは社会人の先輩66人と会いつづけたからだと思う。何人以上に会うと決めていた訳ではなく、君は出会えた人の話を聞くのが好きで気づいたらそうなっていた。聞くことで世界が切り拓かれる。まさにエキサイティングな経験そのもので、世界と自分がつながっていく喜びに満ちていた。

後日、ワニも群れで動くと知って軽くめまいがしつつ、改めて考えた。

学校のテストには正解があった。点数で返ってくる。それはわかりやすかった。でも、社会に出るとなると急に「君はどうしたい?」「君の考えを聞かせてほしい」となる。そこで戸惑うのは当然で、周囲や先輩の姿に目を配りながら見様見真似で一歩、また一歩と進みはじめる。

今回はたまたま正解だったから君は内定を手にすることができた。いや、もしかしたら不正解じゃなかっただけかもしれない。本当のことはわからない。けど、それが社会というものなのだと思う。もっと言うと、君が進んだ道が合っているかどうかなんてその時はわからない。だからこそ自分の選択を正解にしていくことにひたむきになればいい。

君は就活の時期に出会ったChampionのCMのコピーを好きになった。

「すべての汗は、報われる」


偶然目にしてから忘れられない言葉になった。

そう言い切ってくれることが頼もしく、つらい時や苦しい時、心がふらつく時にいつもこの言葉が支えになった。

すべては今の自分を肯定することからはじまる。

これまでの選択は、いつになるかはわからないけどいつか報われる。

今する選択もきっと未来へとつながり、この先への伏線になる。

自分にとって幸せな方を選ぼう。

その選択に胸を張って、これから正解にしていけばいい。

過去の選択を
認めてあげよう。
一つひとつの選択は
未来への伏線になる。
そして自分の
正解にしていこう。

第5章

この仕事「向いてないかも」と言われたら

必要なのは見つかりにいく「努力」

恥ずかしさに負けてしまった

社会人になったら営業職に就くものだと君は思っていた。

クリエイティブな仕事をするのは自分には無理なのだろうなと諦めていた。

今思い返しても悔しい出来事がある。

大学3年生の時に参加した広告会社のインターン。

参加者一同にこんな課題が与えられた。

「カレーライスのCMを考えて絵コンテを描いてみましょう」

絵コンテというのは4コマ漫画をイメージするとわかりやすいかもしれない。

CMのセリフとシチュエーションを描いて、提出した後にCMプランナーの方からフィードバックをもらえるという講義だった。

アメフトに打ち込んできた君は絵コンテなんて描いたことがなかった。

こういう時は検索を駆使する。自宅に帰りパソコンで描き方を調べて、時間をかけてあれこれ考えて、何とか完成させた。

講義当日、一人また一人と順々に名前を呼ばれて会議室に入っていく。

さぁ、君の番だ。ノックして入ると机が向かい合わせに並んでいた。

CMプランナーの方に挨拶をして着席。絵コンテを手渡しする。

開口一番だった。

「君、アメフトやってるんだね。体力ありそうだねぇ、営業とか似合いそうだね。クリエイティブとか興味ないでしょ。何か広告業界のこととか仕事のことで聞きたいことある？何でも答えるよ」

先制パンチにくらくらした。そして、何か言わなくちゃと君は焦ってしまった。

「はい！　本日はよろしくお願いします！」

居酒屋のホールスタッフのような威勢の良い挨拶しかできなかった。

本当は広告を制作することに興味があった。

おもしろそうだったけど、自分が描いてきた絵コンテに自信を持てなかった。

「え、こんなので？」と思われるんじゃないかと君は恥ずかしさに負けてしまった。

この場は何事もなく乗り切れたらいいやという弱気な自分が顔をのぞかせる。

「ちなみに……僕の課題、どうですかね？」と勇気を出して口にすることができず、結局は雑談の時間に様変わりしてしまい会議室から見える景色の綺麗さに気づくことくらいしか収穫がなかった。

優秀作に選ばれるとか、選ばれないという次元じゃない。

大学生の時は、課題を見てもらうことすらできなかった。

希望が人の運命を変える

OB訪問で君のことを思って愛ある厳しい声をかけてくれた会社。

そこに脈々と流れているであろう人を育てるDNAに惹かれて、インターンで参加した会社とは違う広告会社へと入社し、いよいよ君の社会人としてのキャリアがスタートした。

1か月半にわたる新入社員研修での感触をもとに配属希望を出すことができる。

書ける希望の部署は3つまで。

当時、君は営業局に行きたいと思っていた。

会社の先輩に相談すると、営業で活躍する人はその前にメディア担当者として経験を積んでおくのがキャリアの王道なのだと教えてくれた。

君はいつか営業局に行くことを見据えてこう書いた。

郵 便 は が き

料金受取人払郵便

渋谷局承認

2087

差出有効期間
2025年12月
31日まで
※切手を貼らずに
お出しください

150-8790

130

〈受取人〉
東京都渋谷区
神宮前 6-12-17
株式会社ダイヤモンド社
「愛読者クラブ」行

本書をご購入くださり、誠にありがとうございます。
今後の企画の参考とさせていただきますので、表裏面の項目について選択・ご記入いただければ幸いです。

ご感想等はウェブでも受付中です（抽選で書籍プレゼントあり）▶

年齢	（　　　）歳	性別	男性 ／ 女性 ／ その他
お住まいの地域	（　　　）都道府県 （　　　）市区町村		
職業	会社員　経営者　公務員　教員・研究者　学生　主婦 自営業　無職　その他（　　　）		
業種	製造　インフラ関連　金融・保険　不動産・ゼネコン　商社・卸売 小売・外食・サービス　運輸　情報通信　マスコミ　教育 医療・福祉　公務　その他（　　　）		

①本書をお買い上げいただいた理由は？
（新聞や雑誌で知って・タイトルにひかれて・著者や内容に興味がある　など）

②本書についての感想、ご意見などをお聞かせください
（よかったところ、悪かったところ・タイトル・著者・カバーデザイン・価格　など）

③本書のなかで一番よかったところ、心に残ったひと言など

④最近読んで、よかった本・雑誌・記事・HPなどを教えてください

⑤「こんな本があったら絶対に買う」というものがありましたら（解決したい悩みや、解消したい問題など）

⑥あなたのご意見・ご感想を、広告などの書籍のPRに使用してもよろしいですか？

1　可　　　　　2　不可

※ご協力ありがとうございました。

【あの日、選ばれなかった君へ】117682●3550

第1希望「新聞局」、第2希望「テレビ局」。

3つ目の希望は特になかった。空欄を埋めなければ……どうするか……。

君は配属先一覧の表を眺めた。

よし、こうしよう。

どう考えても選ばれない感じがする「人事局」を書いておこう。

研修期間を経てすっかり同期との距離も縮まり、同じ第1希望を書いた同期と「がんばっていこうな」と早くも言葉を交わしていた。

大きなホールで配属発表が行われる。ここで配属地と配属先が発表される。

あいうえお順、その瞬間はすぐにやってきた。


「阿部広太郎、東京」

そこまで発表され、なぜか一瞬の間があった。

「人事局」

同期たちのどよめきがホールに響く。

君が配属されたのは、人事局だった……。

自分でまいた種だから配属ガチャではない。

希望が人の運命を変える。

希望を出していたから希望は通っているけど、まさか……。

どうしても気になって「なぜ僕が選ばれたんですか？」と先輩に聞いてみた。

「ちゃんとした人そうだし、後はクリエイティブ研修の点数がよくなかったから」

そう冗談混じりに先輩は言った。

「なるほど、なるほど」と呑気に応えながらも、学生時代のインターンの出来事を思い出して心がちくりと痛んだ。

当時の会社の制度で入社1年目の最後にクリエイティブ試験があった。合格すると広告制作をする部署へと異動になる。先輩にとってはせっかく育ててきた後輩に抜けられては困るし、何より君も自分にそういったセンスや才能がある訳もないと思っていた。

転機がやってきたのはそれから3か月後の夏だった。

「そっち側に行きたい」心の底から強く思った

君は、人材育成部で働くことになった。

育成部!?　まだ育ってもいないのに……と君は心の中でつぶやく。

新人の仕事は使用する会議室をおさえたり、エクセルで名簿をつくったり、講義で使用する資料を印刷したり、先輩たちの仕事がスムーズにいくための準備を淡々と積み上げていく。

やるべき仕事に取り組みながら、やらせてくださいと君が自ら手を挙げて担当したのが学生インターンシップだった。

君の心に鮮明に残る記憶や思い出を役立てられるのではないかと思ったのだ。

参加する側から、今度は学生たちの挑戦を受けとめる事務局側の立ち位置になった。

インターンは近くで見ているだけでも刺激的だった。

「広告の仕事を体験してもらう」という狙いのもとに、学生たちは社内の豪華講師陣から講義を受ける。

ある日はキャッチコピーの書き方を学び、次の日は課題解決の企画の仕方を教わり、最新の広告事例を学んだ彼らに卒業課題が与えられた。

グループワークによるチーム戦ではなく個人戦で一人ひとり最終プレゼンが進む。

ライブみたいだなと君は思った。

会議室だけどここはステージで、マイクをぎゅっと握りしめて渾身の企画をプレゼンしていく学生たち。

それを君は一番後ろからビデオカメラで撮影していた。

緊張してときおり言葉に詰まる人もいる。観衆である講師陣や事務局もまっすぐにその姿を見つめる。見届ける、と言ってもいい。

真夏のインターン。クーラーがしっかり効いた部屋でも湯気がたちのぼりそうな熱気で満ちていく。表情に嘘はつけない。やりきれたという自信をのぞかせる人、どこか不安がちらつく人。それら全部を含めてすごくきらきらしていた。

何だろう、どうしたんだろう、この気持ちは……。

勘弁してほしいくらいの輝いた表情をカメラ越しに見つめる。

応援している。がんばってほしいと思う。でも、涙がこぼれそうな自分がいた。

悔しいと思うこの気持ちは何なんだ。ダメだ。感傷的になるな。

プレゼンが終わるたびに拍手が起こる。君の心は全然弾んでいなかった。教室の一番後ろで立ち尽くしながら、心の奥にある本当の気持ちが叩き起こされていく。


間違いなく、彼らは一体感の「一」をつくっていた。

ドキドキして誰かに伝えたくなる、はじめの「一」を生み出そうとしていた。

「そっち側に行きたい」心の底から強く思った。彼らに嫉妬を抱いていた。

ずっとアメフトをやってきたし、何かをつくることや表現することなんてやったことがない。本当は憧れる気持ちがあったのに口に出すのも恥ずかしかった。

君はどうせ無理だ、君には縁がない、君には関係ないよね……そんな「やめとけ」という声が次から次へと自分の中から生まれてくるけど、もう見て見ぬ振りはできなかった。

もうやめよう、逃げるのは。

一歩を踏み出した、中学3年生のあの時を思い出した。

心の叫びに目を向けた今この瞬間こそが変われるチャンスな気がした。

ダサいと思っている自分が一番ダサい

何一つ努力せず、勝手に諦めて誤魔化したままでは終われない。

今いる部署に遠慮して何もしないのではなく、クリエイティブ試験を受けるチャンスがあるのだから本気で挑みたい。


インターンの打上げ会場で君はチャンスをうかがっていた。

人事は、お願い事をするプロだ。

人の力を借りて、その場をつくりあげていく仕事で、せっかくお願いをさせてもらうのであれば気持ちよく、誠意をもって情に訴えたい。新人ながら君はそんな心がけを持つようになっていた。

講師をしていたクリエイティブディレクターの先輩にグラスを持って近づき「お疲れ様でした！」と話しかけた。

必死になることがダサいと思っている自分が一番ダサい。自分よ、行け！

「あの、クリエイティブ試験に受かるためにはどうすればいいですか。僕、エクセルばっかり叩いてるんじゃなくて、つくる側に行きたいんです」

自分の人生に感動したいんです、君はそんなことも口走っていた。

本当の気持ちを伝えるのはどうしてこうもドキドキするのだろう。

人事局の新人による、想像もしない角度からの相談で先輩は正直面食らったのではないかと思う。それでも返答はシンプルだった。

「じゃあ、課題出してあげよっか？　本気ならメールして」

笑われたらどうしようなんて思っていたのはただの考えすぎで、あっさりと会話は終わった。約束の熱が冷めないように翌日の朝すぐにメールをした。

その勢いで、会社の下にある書店へ。

お目当ての本は高かった。レジに向かい、財布から2万円を取り出す。

その本の帯に書かれている言葉が目に入る。

「言葉たちは、旅に出る」

すぐれた広告コピーが掲載される『コピー年鑑』はずしりと重かった。でもなんだかそれが無性に心強かった。その4か月後にある試験に向けて君は猛勉強していく。

言葉との旅が本当にはじまった。

ド素人のプライドほど厄介なものはない

それは本当に贅沢な特別レッスンだった。

先輩から課題を出してもらい、コピーを書き、ランチの時間に講評してもらう。

マッチのキャッチコピー。

ダイエットのキャッチコピー。

国内で新婚旅行をしたくなるキャッチコピー。

2週に1回のペースで、毎回コピー20本を書いていく。

仕事終わり、自宅に帰って机に向かう。

ド素人のプライドほど厄介なものはない。

今思えば「とにかくまずは書きなさい！」なのだけど、君は実力以上に自分をよく見せたくてなかなか書き進めることができなかった。

どうしても間に合わない時は、人事のデスクでコピーを書く訳にはいかず作業の合間にまっさらなA4の用紙をトイレの個室に持ち込んでギリギリまで粘っていた。

手塩にかけたコピーの束を先輩はパッパッパッと瞬時に見ていく。

一度見た後に、次はペンを握り、用紙の右隅に◯か△を付けていく。

ほとんどのコピーはスルーだった。

◯がつくのはレア。たまに△がつけばいいくらいの感じだった。

意気揚々とコピーに取り組みはじめたものの、まったく手応えを得ることができず一つひとつのお題が手からすり抜けていくような焦りが生まれていく。

それでも先輩はとても丁寧に見てくれた。

もっと短くできるのではないか？

何か言おうとしているけど嘘を書いていないか？

新たなユーザーを獲得するような発想がないか？

なぜダメなのか、どう切り口を探せばいいのか、根気強く指摘してくれる。

書けるようになりたいという君の気持ちはレッスンを重ねるほどに強くなる。

「困ったなぁ。なんでこんなこと引き受けちゃったんだろう」

先輩がそんな顔をしていることに気づかないふりをして君は書きつづけた。

たやすく叶う夢を追いかけてもつまらない

1か月後に迫った試験。せめて少しくらい褒められたい。そう思ってはいたけれどなかなか簡単にはいかず、自分も先輩もちょっと気落ちしていたように思う。

ランチから会社に戻るまでの道で「やってみてどう？」と君は聞かれ、これまでの感想を話しながら歩いていく。会社の入り口に向かうエスカレーターが見えてきた時だった。真剣な顔をした先輩に言われた。

「君は向いてないかもね」

えっ、と君は真顔になる。

「君には、営業の方が向いてるよ。クリエイティブの気持ちがわかる営業になってよ」

その瞬間グサッときた。

向いてないかもね宣告。ここでもまた選ばれないのか……。

何も知らない人が通りすがりに放ったまやかしみたいな言葉じゃない。

丁寧に課題を見てくれて、見守ってくれている人による実感の伴った言葉。

午後からも仕事がある。泣いちゃダメだ、ダメだ……。

1ミリでもダメだと思い込みたくない。

「いやいやいや」と振り払うように表情筋で笑顔をつくったものの……。

あぁ、やっぱり難しいのかなぁ……。

それでも、考えれば考えるほど諦めたくない気持ちが湧き起こってくる。

諦めたくないし、強がりたい気持ちがあった。

確かに、これまでのことだけを見ると向いてないのかもしれない。

でも、自分の気持ちは折れていない。やりたいという方向に全力で向いている。

大学生の時は同じ土俵にも上がれなかった。今は違う。一歩前進しているぞ。

プルプル耐えている新人力士を想像してほしい。土俵の中に入っている。ただ、いきなり土俵際ではある。

たやすく叶う夢を追いかけてもつまらないじゃないか。いいじゃん下手くそでさ。

簡単に書けたら、逆に困るよ。これからの自分を信じてあげられるのは自分しかいないんだぞ、君は自分に言い聞かせた。

時間を見つけて「宣伝会議賞」にもトライした。

それはコピー1本から応募できる公募型の広告賞で、コピーライターやコピーライターになろうとしている人だったら素通りできないコンペだと思う。

いつもの特別レッスンよりも多く書くぞと意気込んで25本を書いて応募した。

その結果が出るのは試験の後だけど、できることは全部やろうと動きはじめた。

闇雲に努力しない、勝算のある努力をする

持たざる者がどう勝つか。厳しい戦いなのはわかっていた。

君は決めた。闇雲に努力しない、勝算のある努力をする。

真っ先にしたのは自分の中にあるプライドと向き合うことだった。

さらさらっと書いて受かるなんてことは自分には起こり得ない。照れている場合でも、恥ずかしがっている場合でもなく、試験を突破する可能性が1%でも上がる方法があるならなりふり構わずに取り入れたい。

そのためにも入念に情報収集。大学受験の赤本と同じで過去問を知ることは大切だ。

事前に傾向を知っているかどうかで大きな差が出る。

昨年試験に合格し、コピーライターになった一つ上の代の先輩に「どうしても合格したいんです、アドバイスをください」と君は連絡をした。

世界は想像以上に温かい。「もちろんいいよ！」と快く連絡をくれたその先輩に会いに行く。さらに試験に合格をした人のコラムを読みヒントを得て試験に挑むことになった。


ついに試験当日。

自分を落ち着かせるために、君はコピーの書き方について自分なりに考えをまとめたメモを試験開始の直前まで読んでいた。

何度も何度も見てしわくちゃになったメモをぎゅっとお守りみたいに握りしめる。

試験は、お昼過ぎからまるまる4時間かけて行われる。


事前に調べていた通り作文とコピーを書く試験だった。

君は、作文に関しては割り切っていた。

長い文章を書くという経験を積んできている訳ではない。だから「文才ではなく企画で勝負する」と決めていた。つまり、表現力や言葉選びのおもしろさではなく、何かを企てることで手を止めてもらおうと思ったのだ。

その「何か」は試験がはじまってから考えるしかないぞ、どんなお題が来るかと問題用紙をめくったところ「好きな日本語について書きなさい」だった。

うう……どうしよう……。

単語、季語、慣用句、色んな選択肢が思い浮かんでは消えていく。それらについて書いてもその他大勢になり埋もれてしまう気がしたのだ。

そもそも日本語とは何かを考えてみたらどうだろう。

じーっと作文を書き込む用紙のマス目を見ながら君は気づいた。

これ、作文の左の先頭の文字だけ最終的に縦読みできたらどうだろうか？

横書きも縦書きもできる、そんな日本語の自由さが好きですと書こう。現代において、その両方を併用しているのは日本語だけだとどこかで読んだ記憶があった。

よし、これでいける！

そして、コピーだ。祈るような気持ちでお題を見た。

そこには事前に聞いていた通りのことが書かれていた。

「コピーを10本以上書きなさい」

「以上」という2文字が輝いて見えた。10本以上だったら、何本書いてもいい。

この数か月で気づいたことがある。残念ながら、自分にセンスはない。だからこそ、数で勝負するというのは一つの手だ。そして、コピーを書こうとして書く手が止まってしまう最初の壁を越えることで一歩リードできるのではないだろうか。

出題者が「君のやる気もちゃんと見るよ」と伝えてくれていると思った。

とにかく君は書きまくった。これまでのフィードバックでのダメ出しは「こう書けばいい」を示してくれる味方になった。うまく書けていないコピーもたくさんあったと思う。

それでもこの会場の中で一番書いて目立つ、それが作戦だった。

書く用紙が足りなくなって新しい用紙を取りにいく。

試験が終わったその時、とがっていた鉛筆の先はまんまるになっていた。

面接にもコピーを持ち込もう

君は筆記試験を突破した。

そして時を同じくして応募していた宣伝会議賞の結果が出るタイミングだった。

ツキが回ってきているかもと書店に急ぐ。

通過者は雑誌『宣伝会議』に掲載されているのだ。

通過者の名前がずらりと並ぶページをめくっていく……。

ない……君の名前はなかった。1本たりとも通過していなかった。

今ここで油断している場合じゃないぞと君は気を引き締めた。

そしていよいよクリエイティブ試験の面接へ。異動できるかはここで決まる。

想定される質問を全部書き出す。胸の内を言葉に変えて準備を整える。

面接では、君が嫉妬した話を正直に伝えた。

「そっち側に行きたい」その強い思いに突き動かされてここにきました、と。

質問も途絶え、もうそろそろという時、「最後に一ついいですか」と君は言った。

「僕に一度だけでいいです、広告をつくらせてください。3年でダメだったら出してもらって構いません」

これを言ってダメだったら諦められる言葉を君は絶対に伝えようと決めていた。面接にもコピーを持ち込もうというのは先輩の受け売りで、ここまで来たら後は切なる願いを伝えるのが響くのではないかと思ったのだ。3年という期間で何ができるのかなんてわからないし何の根拠もないけど、これからの自分に期待するキラーパスだった。

面接官の偉い人たちは頷くこともなく無表情だった。

一礼をして面接会場を出る。これでダメなら仕方ない、君はそう思えた。


後日、クリエイティブディレクターの先輩のデスクに結果報告へ。

「受かりました！」

「何かの間違いなんじゃないの？」

そんなこと言わないでくださいよと君は心から笑って応えた。

コピーを書くよりも恥をかいていた

異動する前に、クリエイティブ研修があった。

「何か不安なことがあれば、どんなことでも良いので教えてください」というアンケートに君はこんな言葉を残していた。


果たして自分がついていけるのか……不安になることがあります。

まわりからは、「見た目から君は明らかに違うでしょ」と言われることが95%なので。しかし、そう言ってくる人たちを何としても驚かせたいと、日々考えています。

そう、君はまわりを驚かせたいと思っていた。そして、こうやって不安にはなるものの何だかんだ順調に進むんじゃないかと期待していたけどそんなことはなかった。何より同期の活躍がまぶしいのだ。当時は、SNSなんてそこまで流行っていなかったのに人の噂は勢いよく耳に飛び込んでくる。

誰々のCMの企画がクライアントに通った。何々という賞を獲った。周囲がぐんぐん進んでいる中、一人だけ取り残されているのではないかと君は切羽詰まっていた。

打ち合わせ前は冷静ではいられなかった。

果たしてこのコピーで合っているのだろうか？

案の数は足りているだろうか？　いやどうだろう……もっと必要なのか……。

心はいつも疑問符で渋滞していた。

打ち合わせは言葉の打ち合いだ。テーブルがリングに見えてくる。

「ここは若手から」という先輩の一声でゴングが鳴り、新人からコピーを発表する。

数だけはたくさん書いているから、一度説明をはじめるとなかなか終わらない。

途中から先輩たちの優しいまなざしでどうやら自分の案が的はずれだということに気づく。顔がかっと熱くなって、全身から汗がふき出す。

コピーを書くよりも恥をかいていた。

君の提出したコピーの山はテーブルの片隅に寄せられ寂しそうにしていた。

先輩たちの案がテーブルの真ん中に並べられ、議論は進んでいく。

君は会話のやりとりについていくだけでも精一杯だった。

お前はもっと人を傷つけたほうがいい

その日の打ち合わせでは目の前で同期が評価されていた。

君のコピーは選ばれることも、議論の中心になることもなかった。

自分、同期、先輩。コピーを考える人は3人もいた。

「俺、必要なのかな？」そう思ってしまった時点で消え去りたかった。

打ち合わせ終了後、その仕事を統括する部長に「ちょっと来てくれ」と呼びだされた。

役職が上なのでその部長のデスクは個室になっている。

部長の後について廊下の端をおどおどしながら進む。

一体何だろう？　見当もつかない。怒られるのは嫌だなと心の中で念じた。

「失礼します」と部屋に入った。

一息ついて部長は言った。

「お前、大丈夫か？」

真剣な表情でそう言われた。先程の打ち合わせを経ての今である。

コピーを書く、ということについてお前は大丈夫なのか、と。

あ、これは本気で心配されているんだと気づく。

「えっと、はい、大丈夫だと思います……何とか……」

部長はつづけた。

「この仕事にはさ、タブーなんてないんだよ。当たり前のことを当たり前に書いていたら、お前が書いている意味がない」

君はただ頷くことしかできない。

その日のコピーは、ある企業の広告でテーマは「夢」だった。

君が会議室に持ち込んだコピーには「夢」がそのまま入っていた。

「夢は良いものだ」「夢を持つことは大切だ」みたいな当たり前のことを書いて狭い範囲でのたうち回っていた。


「お前はもっと人を傷つけたほうがいい」


部長からのとどめを刺す言葉だった。

その言葉はあまりに衝撃的で、その時は受けとめきることができなかった。

後から、後から、その真意が見えてくる。

人に選ばれるためには言葉を選ばないといけない。

それは忖度《そんたく》をして遠慮がちな言葉を選べということではない。

あらゆる選択肢が広がる言葉の中で相手が素通りしてしまう言葉ではなく、自分が「これだ！」と思える言葉を選んで伝えないといけない。

言葉を選ばないと言葉に選ばれもしない。


「もっと言葉を選べよ」

「もっと人の心に踏みこめよ」
「心に手を伸ばすことを恐れるなよ」

嬉しくて感動することも悲しくて泣きたくなることも、そのどちらも心に跡はついていない。つまり、心に傷がついていない。言葉を選ぶことで当たり障りのないことを言わない。そうすることでもしかしたら相手に傷をつけてしまうかもしれない。そのリスクを引き受けなければいつまでたっても上達なんてしないと言われたのだ。

コピーライターの名刺を手にした1年目。
宣伝会議賞に応募したのは200本だった。
3本だけ一次審査を通過するけど、その先は何も起こらなかった。
まだまだだ。もっともっと。自分はこんなもんじゃないはずだ。
心に感動の跡をつけたい。
自分にスイッチが入った気がして言葉にまみれることを恐れなくなった。

お金を出してガチで学ぶ、これは自分への投資だ

「見つかりてぇ……」

コピーライターになって2年目の君にふつふつと湧き上がる心の叫び。

「ここにこんなにがんばっているヤツがいるからどうか見つけてよ」

「頼む！」と両手を組んで祈るくらいの気持ちで日々を過ごしていた。

いわゆる広告が好きな、やる気だけは人一倍で多分どこにでもいる一人の若手。

仕事にまったく歯が立たないこの状況だとしても……。

見つかりにいく努力をするために、君はまず講座に通うことにした。


書く力を高める場としてコピーライター養成講座がある。

講座に参加するということは、引き上げてくれる講師と出会えるかもしれないのはもちろん、ライバルに出会うことであり、応援し合える仲間に出会うことだと思う。

同期に揉まれることで自分の現在地を知ることだってできる。

お金を出してガチで学ぶ、これは自分への投資だ。

面接で啖呵《たんか》を切った3年という区切り。2年目の君には時間がなかった。広告業界の第一線で活躍しているコピーライターたちから教わる機会。通常であれば、基礎クラス、上級クラスを受講してからの専門クラスだけど、悠長にステップアップしていく気にもなれなくて専門クラスに申し込んだ。

第1回目の講義は、今でも忘れられない。

教室に集まるのは、事前課題をクリアした36名。

人事になって後ろからビデオカメラで撮影していたあの日から、今「そっち側」に君はいる。胸の高鳴りが音漏れしそうなくらい教室は静かで緊張感があった。

右に左に、ストレッチのふりをしてクラス全体を見渡す。みんな意志の強そうな顔つきをしていた。毎週土曜日、約半年。これからこのメンバーで競い合うことになる。

クラスの成績最優秀者には、企業のコピーを書き、ポスターを実制作できる権利が与えられる。その広告で広告賞を受賞できるかもしれない。実際、その前年、コピーライターの団体である東京コピーライターズクラブで新人賞を獲っている人がいた。

そう、ここにいるのは君と同じで見つかりにきた人たちだった。

チャンスとキャリアをつかみとりにみんなここに集合していた。

大手にいるのにたいしたことないね

毎週、時間のやりくりがぎりぎりだった。

仕事して、課題して、仕事して、課題して……。

締め切りにヘッドスライディングして立ち上がり、君はまた次へ。

今日は課題が完成するまで帰らないぞと意気込んでファミレスに行くものの、うとうとしてノートにはインクの染みができ、アイスコーヒーの氷は溶けきっていた。

やばっ、とまた課題に取り組む。

言葉ともみくちゃになりながら道なき道をいく。

君は厳しさの中に楽しさを感じていた。


授業の座席は成績順で決まる。

いいコピーを書いた人が、教室の前から順に座っていく。

現在地が一発でわかるその明快な基準に君のやる気は高まっていく。

クラスには色んな人がいた。君のように広告会社でコピーライターとして働く人もいれば、営業から異動するために来ている人、制作会社の人、学生でコピーライターを目指している人もいた。

君は、前の席に座れなかった。教室の真ん中が定位置になりつつあった。

何かこう、あがいても、もがいても、なかなか突き抜けられない。

授業後の打上げで君が浮かない顔をしている、そんな時だった。


「大手にいるのにたいしたことないね」


騒がしい居酒屋の中で君のまわりだけがしんとしたようだった。

何も言い返せなかった。実際その通りだから。広告業界において規模の大きい広告会社でコピーライターをやれていることの重み、貴重さ。この仕事をやりたい人はいくらでもいる。恵まれた場にいるのに結果を出せていない肩書きだけのヤツ。

言われっぱなしは嫌だ。見返したい……。

でも、そんな簡単に成果を上げられるほど甘くはなかった。

ポスター制作の権利をかけた最終プレゼン。やっぱり君は真ん中から上へは行けなかった。つかみたかったチャンスは君から逃げていく。

悔しさは度を越すと痺《しび》れてくる。

打上げに参加し乾杯するもハイボールの味は消えていた。

自分への腹立ちで君は心に炎を燃やしていた。

ここでもチャンスはつかめなかった。だけど、自分を突き動かす爆薬だけは手に入れられた気がした。

空回りしつづけても、
いつか歯車は噛み合う

講座を卒業する時、講師から君に向けたメッセージにはこう書かれていた。

「コピーらしいコピーを書こうとしていないか心配です」

当たり前のことを当たり前に書いても、それらしいことを書こうとしても心配される。授業で教わってきたことを頭ではわかっていても、それを自分の書くコピーに宿すのがなかなか難しい。

空回りしつづけても、いつか歯車は噛み合う。

そう信じて、そして講座の悔しさを晴らすために「宣伝会議賞でリベンジするんだ」と、さらにアクセルを踏み込んで取り組むことにした。

ある日の夜、人もまばらになった職場のデスクで宣伝会議賞に取り組んでいると隣の席の先輩から声をかけられた。

「その宣伝会議賞ってさ、出してもなかなか難しいよね」

冷ややかな視線が注がれていた。

「どうせ無理っしょ」そんなニュアンスを暗に感じ取ってしまって、何を言っているんだ、やってみなきゃわからないじゃないか！　君は心の中で猛反発していた。

でも、実際先輩がそう言ってしまうくらい賞に入るのはすごい確率というか、とても難しい。数十万を超える応募本数から選ばれて受賞までたどり着くのは数十本だ。

「これは宝くじじゃない！」

いいコピーか、いけてないコピーか確率は2分の1だ……とは思うけれど弱気になってしまうと、そもそもこれは本数的に無理な話なんだと逃げたくなる。

くじけずに応募した本数は、１８００本だった。

一次通過37本、二次通過１本。

はじめて二次通過の扉を開いたものの受賞には届かない。

これでもまだ足りないのかよと、正直気が遠くなった。

そして君は講座の同期の受賞を誌面で知った。

一緒に励まし合ってきた同期に先を行かれた悔しさと、そのがんばりを知っていたからこそ自分もつづくんだと君は奮い立った。

次も選ばれないかもしれない……それが怖いけど、やってみないとわからない。

「来年こそ、来年こそは！」

こんな思いをもうしたくない。この賞と決着をつけるという思いで一杯だった。

自分の中に「良い」がなければ良いコピーは書けない

君は原点に立ち返った。

良いコピーは、『コピー年鑑』に載っている。

そこに載っているのは、コピーライターが選び抜いたコピーだ。

ページをめくれば人の心を動かして商品や社会の役に立ったコピーが待っている。

自分が良いと思ったコピーだけをメモ帳に書き写していく。

広告業界で「写経」と呼ばれるこの行為を、自分がなぜそれを良いと思ったのかを考えながら進めていく。

自分の中に「良い」のものさしがなければ良いコピーは書けない。

30年分の『コピー年鑑』に目を通しながら、君が気づいたことがある。

君が良いと思うコピーは、ヤジルシのあるものだった。

自分の中にあった固定観念がその言葉に触れることで「あ！　確かに」となって、驚きや発見とともに新たな場所へと連れていってくれるコピー。

これまでの見方と新しい見方の間にヤジルシが生まれる。

そして、言葉から情景が立ち上がり、じんわり心が温かくなるようなコピーが好きだった。自分の中にある無意識を君は少しずつ意識していくことができた。

「君たち、漫画から漫画の勉強をするのはやめなさい。一流の映画をみろ、一流の音楽を聞け、一流の芝居を見ろ、一流の本を読め。そして、それから自分の世界をつくれ」

手塚治虫さんの残したこの言葉は、自らの志す道の勉強をした上で、それ以外の世界からも大いに刺激を受けなさいということだと君は思った。

広告の世界を学ぶために広告コピーにまつわる本を買う。

それだけではなく詩集も、歌集も、良いと噂されているものは全部買った。

机の上は本でぐじゃぐじゃだった。夜な夜なページをめくる。

心の琴線に触れる言葉を収集していく。好きな言葉に巡り合える瞬間が好きでたまらなかった。うまいなぁとか、はっとするなぁとか。一文字ずつ大切に書き写し、一人心の中でにやにやしながら、ワクワクしていた。

書く↓疲れる↓しんどい↓本を開く↓テンションが上がる↓こういうのを自分も書くんだ！↓また書く……

この繰り返しで君の言葉の世界が段々と色づいていく。

打ちのめされては立ち上がる。ファンのままでは終われないのだ。

必死になるくらいがちょうどいい

「ラストスパート.doc」

パソコンの中のワードファイルを開き、思いついたコピーを一行ずつ書き足す。

このファイル名は当時の君を象徴していたし、実際本当によく走っていた。

宣伝会議賞は今でこそウェブでの応募だが、当時は紙で応募だった。

家で、会社で、行き帰りの電車の中で、平日も土日も書きまくる。

締め切り当日、出力した応募用紙で段ボール一箱ぱんぱんになった。

応募数は２２００本、ずしんと重かった。

それは、楽しさと苦しさの塊だった。心に触れる仕事の重みにも感じた。

応募規定によると「当日消印有効」と記載がある。

つまり、郵便局まで行けば23時59分まで書けるのか……。

もうすでに段ボール箱は郵送して一息ついていたけど、君はなんだかそわそわしてタクシーに飛び乗った。自宅の最寄りにある24時間開いている郵便局へと走る。

リュックには白紙のＡ４用紙を多めに入れていた。郵便窓口の前にあるがたがたの椅子に座り、えらく低い机に向かいながら最後まであがいた。

24時が近づいてくると、時計をチラチラ見ながらペンを持つ手が震える。

ここで書けたのは23本。君は封筒に入れて窓口へ提出した。

帰り道、終電が迫る。

こんなことまでして何をやっているんだろうな……。

でも自分は必死になるくらいがちょうどいいのかもしれない。

そんなことを思いながら自販機でコーンポタージュ缶を買った。

おいしかった。心までじーんと温かくなる。

つぶつぶのコーンを飲み切るために上を向くとたくさんの星が見えた。

応募数の合計は2223本だった。

見つけてもらった瞬間報われる

それから数か月後。

デスクで仕事をしている君の携帯に知らない番号から着信が入った。

電話を取ると宣伝会議賞の事務局からだった。

「この度ですね、阿部さんの書かれたコピーが協賛企業賞を受賞しました」

「え、えー！　本当ですか⁉」

にわかには信じられず何度も確かめてしまった。

思わず席を立ち、君はデスクのまわりをうろうろ歩き出す。

「はい、『後は、僕のプレゼン次第。』というコピーで受賞されております」

「あー……はい！　はい！　ありがとうございます」

電話を切る。

君は急いでデスクに戻る。

書いたコピーをまとめておいたワードファイルを開き検索する。


あった！

「後は、僕のプレゼン次第。」

電機メーカーの高画質出力のできるプリンターがお題だった。

良かった、安心した……。ちゃんと書いていた……。


そして思ったのは、あのコピーの塊に目を通してくれた人がいたのだということの賞への感謝の気持ちだった。一体何を書いているのかわからなくて気が遠くなった瞬間もあった。積み上げてきた言葉と時間の先にちゃんとその先につながる扉があったんだ。見つけてもらった瞬間報われる。ただただシンプルに嬉しかった。


ただ……ちゃんと書いていたって何なんだよ……。

確信を持って書けたコピーというより、たくさん書くうちに無意識に書いていたコピーだった。これだと下手な鉄砲も数撃ちゃ当たるじゃないか。

ひとしきり喜んだ後、君の中に複雑な思いが渦巻いた。

目につくところにいるから見つけてもらえた

約束の3年目が終わろうとしていた。
その年の宣伝会議賞の結果はこうだった。
一次通過44本、二次通過4本、最終ノミネート1本、協賛企業賞1本。
1本たりとも通過できなかった最初を思い返すとすごいことだった。
受賞すると雑誌『宣伝会議』の誌面にコメントを掲載してもらえる。
君が書いたのは、これまでの道のりそのものだった。

君には無理だと思う。君には向いてないと思う。何度そう言われても、諦めきれなくて。ただひたすらに書いてきたら、ここまで来ることができました。もう全部、自分次第なんですね。本当に、ありがとうございました。僕は今日もコピーを書いています。

さらに嬉しいことはつづいた。仕事で書いたコピーで東京コピーライターズクラブの新人賞を受賞したのだ。

君は安堵した。面接で大口を叩いたあの約束を自分なりに果たすことができた。

「コピーライターとしてがんばれ」

ずっと書きつづけていたら、そんな返信をもらった気がした。

受賞したからといって劇的な変化が巻き起こった訳ではないけれど、君は部長に呼びだされておどおどしながら廊下を歩いたあの日を思い出していた。

これからはフロアの真ん中を、自信を持って歩いていいと思えた。

考えてみれば現在に至るまで何かの賞でグランプリを獲得したことは一度もない。

「獲りたい……！」という思いは今も心の中にあるし、諦めている訳でもない。

それでも、今書く機会をいただけているのはなぜか？

それは、SNSでコツコツ地道に発信してきたからで特別なことは一つもない。

目につくところにいるから見つけてもらえた。それでしかない。

もし日陰にいると感じたら陽のあたる場所へ行ってみよう。

今いる場所から取り組める「見つかりにいく努力」は必ずある。
見つけてもらうために、最初は数撃ちゃ当たるでもいいと思うのだ。
それは自分を育てる。数に触れる中で自分の輪郭がはっきりしてくる。
その次に、選択肢を広げた中で自分を信じぬいて選ぶ段階がやってくる。
何かに挑むのに自分なんておこがましいと思わなくていい。
目立ちたがり屋と言われても気にしなくていい。
見つけてもらうことは立派な生存戦略だ。
ちょっと勇気を出して手を伸ばせ。
手を引っ張ってくれる人は必ずいる。

陽のあたる
場所へ行こう。
今いる場所から
取り組める、
見つかりにいく
努力は必ずある。

第6章

「選ぶ側」に回ってしまったら

「落とす方」だって本当はつらい

言われた通りにやっていれば
それでいいの？

その日は金曜日だった。

企業への重要なプレゼンを終えて晴れやかな気持ちで会社から帰宅。

缶ビールをプシュッとしようかと一息ついているところだった。

携帯の通知を見て君は固まってしまう。

えっ……。

クライアントの意見を反映した先程のプレゼンは、イメージと違ったのか週明けに再度プレゼンすることになったそうだ。

通知は止まらない。上司からメールで指示が立てつづけに飛んでくる。

「さっきまでいい感じだって言ってくれてたじゃないですか……」

思わず独り言も出てしまう。

納期までの時間はなく、心に余裕はなくなっていく。

君は同じチームの後輩に、参ったねとフォローの連絡をする。

思うようにいかないこの状況に対して上司からの長文のメールには苛立ちが滲《にじ》んでいた。

言葉のとげを隠せなくなってチームの雰囲気はどよんと淀んでいった。

広告を見てくれた人の心を動かそう。同じ目的を共有しているはずなのに、みんなの心はとっくにばらばらだった。


指示通りにやっているのに……。

何案も出したのにまた案出しを繰り返すのか……。

まぁ……仕方がないか……やり過ごすか……。


そんなことを考えている自分自身にドキッとした。

あれ……自分は一体何をやっているんだろう？

言われた通りにやっていればそれでいいの？

目的は締め切りに間に合わせることなの？

スケジュール帳を真っ黒にしてたくさんの仕事に取り組んできたけど……。

金曜日の夜、働くことについて考え込んでしまう君がいた。

仕事を宝くじみたいにしちゃいけない

こんな風に君は思っていなかっただろうか？

たくさん書いて打ち合わせに案を持っていく。

そして、先輩や上司に「いかがでしょうか？」と見てもらう。

良い反応があったら胸をなで下ろして「良かった。ラッキー！」みたいに喜んでいたとしたら……自分よ、それは違うんじゃないか？

たくさん書いてその中に当たりがある。

仕事を宝くじみたいにしちゃいけない。

もちろん量と向き合うことは大切だ。

それは膨大なデータになり、質を生み出していくための基盤になる。

質は量からしか生まれない。

それは事実だけど、ただ量と向き合って安心して良いという訳ではない。

もし仮に公募の賞ならやりっぱなし、送りっぱなしでいいかもしれない。

でも仕事は違う。

世の中に着地するまでああでもないこうでもないとやりとりを重ねていく責任がある。

君の案を選んだ上司が仕事相手と対峙しプレゼンする。

君はそれを後ろで見ている。

時には安全地帯からその背中に文句を言う。この仕事は当たりだとかはずれだとか言って、はずれの場合は自分の本音を押し殺し、過ぎ去るまでじっと耐える。

あるいは、賞を獲れるとか獲れないとかの傾向と対策で頭の中を一杯にする。

そうして会社にやまほどいるコピーライターの中から、いくつか賞を獲って、少しだけ目立って、いつの日か大御所と呼ばれる方たちに見つけられて、大企業の大ブランドのデカい仕事に関われたらと願い、壮大な順番待ちに並んで、いつか、いつか、いつか……。

自分は何者かになれるはずだと漠然と思う。

そう思いながらSNSで日々流れてくる誰かの華やかな報告に心を奪われて、誰かと比較して勝手に傷ついて、あいつは良い環境にいるからだとかどうにもならない愚痴を溜め込んでいく。

違う。こうなりたい訳じゃない。君はそう思った。

人からの評価だけで生きていくのは苦しい

君は想像してみた。

この地球上で最初に仕事をした人はどんな風にはじめたんだろう？

自分のできることを目の前の人にプレゼントする。

ただシンプルに喜んでもらうことからはじめたんじゃないだろうか。

今の自分はどうだろう？

もしも、目の前の仕事に心が入らないなら自分なりの「おもしろい！」を見つける努力をしないといけない。

もしも、誰かにとって都合のいい自分でしかなくて胸が苦しいなら自分の仕事を切り拓かないといけない。


自分の人生に感動したい、君はそう言っていたじゃないか。

納得いかないことがあるなら本当は「どういうことですか？」「なんでそうなるんです

か？」と今すぐ話をしに行けばいいのに……。

心の奥が熱く脈打つ。あぁ……できていなかったなぁ……。

本当に好きなことや本当に思っていることを人に話して否定されることが怖くて、人に言われた通りにすることの方が実は楽だと気づいて、でもそれを繰り返しているうちに苦しくなっちゃったな……。

自分の心を通過しないのは寂しいし、人からの評価だけで生きていくのは苦しい。

仕事をつまらなくしたくない。仕事をもっと好きになりたい。

20代も後半。コピーの書き方を身につけることができたのに、何か良いことがないかなと受け身で待つ自分を変えたかった。

目の前の仕事の審査員は自分自身だ

本当は、君にはなりたい自分がいた。

目の前にいる相手と対話しながら、こうすべきだと信じられる考えを導く。

そして、「これがいいですよ」と未来をつくる言葉を差し出せる人になりたい。

量産型から対話型のコピーライターへ。

その境地に行くためには、自分の中で良し悪しのトーナメントを済ませた上で推しの案を力説できるようにしておかないといけない。

目の前の仕事の審査員は自分自身だ。

選ばれる喜び、選ばれない痛みを何度も繰り返し感じながら、自分の経験を信じて書いていくしかない。

選ばれることを知ったら、次は選べる人にならなければいけない。

自分で選べる人にならないと、誰かの庇護のもとから抜け出せない。


「やるぞ！」と思ってからも君の心は振り子のごとく揺れた。

たとえ自分で何かをはじめたとしても最初から結果が出る訳じゃない。

場合によっては、金にもならないことをやっているよってまわりから後ろ指をさされてしまうかもしれない。

それが矢面に立つということなんだよと君は自分自身を励ます。

そして、先輩から誘ってもらった仕事だっておろそかにしたくない。

だから、帰宅して眠るまでの数時間、みんなが楽しく遊んでいる休日に机に向かう。

でも、疲れるし、眠たいし、遊びたい自分だっている。

それでも「これをやるぞ！」と思うものを見つけた時の興奮はたまらない。

選ぶ側に回ってしまったら大変だ。ハラハラする、ドキドキする。

それでも自分の選んだ道を進んでみたい。君はそう思っていた。

手だけで稼ぐな、足でも稼げ

君は、囚われていたことに気づいた。

コピーライターは物事の見方を考える仕事だ。

「そりゃそうだよね」と感じる狭義から、「言われてみれば！」と気づく広義を見つけて視界を変える。その捉え方を自分の仕事に当てはめてみたらどうだろうか？

「広告とコピー」と捉えればその世界は限定的かもしれない。

「仕事と言葉」と解釈を広げて捉えたとするならば、コピーライターの活動領域は無限に拓けていく。むしろ、こんなにもあらゆる仕事と組むことができる刺激的な職業はないんじゃないかと思った。

何かの賞に挑むとしても、コピーライターが広告のコンペに挑むのは是非すべきだし、まっすぐに進むのはカッコいい。でも実は、小説やエッセイなどのコンペにも挑戦できるのではないだろうか？　案外そこで自分の可能性が花開いたりすることもあるのではないだろうかと君は思った。

王道を追求するか、裏道を発見するか。

「新しいことをやるぞ！」「踏み出そう！」と力みすぎなくてもいいのかもしれない。

一歩はみ出してみる意識。もしそこに、誰もいなかったら……。

それだけで一番になれるし、それだけで忘れられない存在になる。

君は、ある先輩が言っていたことを思い出した。

「言葉遊びではあるけど『戦略＝戦いを略す』と捉えるのは真理だと思うんだよね」

本当にそうだと思った。自ら激戦区に行かなくてもいい。自分の好きや得意を見つめて、自分の土俵を見つけられたら幸せだ。

企画を提案するのだってそうだ。

勝手に運命を感じたら「こんなことを考えてみたんですけど」と言葉を贈ってもいい。

商品やサービスへの愛や熱、そこから見えてきた提案を言葉にしていく。

「I LOVE YOU」を自主的にプレゼントするイメージだ。

頼んでいないのだから相手はきっと驚くと思う。

もしそこに感動が生まれたら、それでは一緒に何かやりましょうかと話が転がりはじめるかもしれない。

手だけで稼ぐな、足でも稼げ。君はこの意識で動きはじめた。

好きなロックバンドへ。どうしても応援したい居酒屋へ。第二の地元のように思う街へ。

君は、ラブレターみたいな企画書をつくって会いたい人に会いに行った。


「こういうことだったんです」と自分のプレゼンで涙してくれる人がいた。

目の前に喜んでくれる人がいる、それを見ている自分も嬉しい。心と体の歯車がカチッと噛み合って前に進んでいける。何者かになろうと思うのは諦めた。それよりも、自分がもっと自分になっていけそうな出会いを大切にしようと思えた。

自分で切り拓いた仕事が少しずつ育って手応えを感じはじめたその時、君はもうひと踏ん張りする決心をした。

30代が見えてきた君の挑戦、それは学びの場づくりをすることだった。

自分を開け、他人を受けいれろ

君がのめり込んできたアメフトは関係を考えるスポーツだった。

ボールを投げる人。ボールをキャッチする人。ボールを持つことはなく相手とぶつかる人。そこから生まれた道に向かってボールを持って走る人。

楕円球をゴールラインへと運ぶために極めて専門的な技能を持つ人たちが集まる。それぞれの関係性が組み合わさり爆発することで、一つの強靭なチームが完成するのだ。

アメフトをはじめた15歳の頃から成長期が重なり君の体は大きくなる。体の変化とともにポジションが変わると、同じチームでも一緒に過ごす仲間が変わっていった。

あるポジションで尊敬する人と出会う。

また違うポジションで腹の立つ人と出会う。

たくさんの人との関係の中で自分という存在を理解していく。

そして、チームで勝利を目指すという目標は一つでも、そこに関わる人の考えは一つじゃない。当時、ダイバーシティという言葉を知らなかったけど、色々が重なり合って一つの色をつくりあげているのだと感じた。

君は社会に出て思い至る。

会社も同じなんじゃないか。

同じ人、同じ環境、同じ居場所だけにいると見える世界は広がっていかない。

合わない先輩がいるなら合う先輩を見つければいい。

でも最近は、外に開くどころかスマホがあることでなお一層、ほとんどすべてのことを手の中で完結させてしまう気がするし、リアルな場での新しい出会いが少なくなっているような感覚がある。

その結果ぽつんと、自分の孤立化が進んでいく。

自分を開け、他人を受けいれろ。

そうだ、と君は思い至った。

たくさんの人と出会い磨かれざるを得ない部活のような環境をつくれないか。

一人でどれだけがんばっても限界があるけれど、仲間と出会うことで想像以上の力が出る。出会いの中でそれぞれが幸せを実現する糸口をつかみ、自分自身のこれからを企画していく感覚を分かち合えたら最高だ。

人と人との間に生まれる刺激の総量を高めていけるような一つのチームをつくれたらすごくおもしろいんじゃないか？

一度そう思ったら君はいても立ってもいられなくなった。

その場をつくることは、社会人になって人事に配属された自分の使命な気さえした。

人の熱は眠っていた自分を叩き起こす

君はメディアからコラムの寄稿依頼を受けた。

宣伝会議賞でどうやって結果を残したのか体験談を書いてほしいという依頼だった。

君自身、先輩たちの発信に助けられてきたし、たどってきた道を言葉にするのは次世代のヒントになると思い、葛藤も希望もできるだけ正直に伝えたいと思った。

するとコピーをテーマにしたトークイベントに声をかけてもらう機会に恵まれて、そこで出会えた方に勇気を出して「実は企画する人を増やしたいと思っているんです」と君が抱いている場づくりの思いをメールしたところ……。

「打ち合せしましょう！」と返信が来て話が動きはじめた。

世界は縁でつながっている。

そうして実現できたのが、横浜みなとみらいにあるシェアスペースBUKATSUDOで開催する連続講座『企画でメシを食っていく』だった。

映画、お笑い、食、物語、ファッション……あらゆる業界の最前線をひた走る講師たちから課題を出してもらい、企画書をつくり講評を受ける。

企画生と呼んでいる30名の参加者の皆さんはまっすぐで真剣なまなざしをしていた。


この場で取り組む企画のテーマは本当に様々だ。

企画することで自分との接点を見つけることになる。たとえ興味を持っていない分野があったとしても、何かにひたすら打ち込む人に出会うと、「コンコンコン」と自分の中にいるまだ見ぬ自分をノックされたような気になる。

人の熱は眠っていた自分を叩き起こす。

その人のしていることに猛烈に惹かれると、「ドン！　ドン！　ドン！」と強くノックされて自分が覚醒し、「え、こんな自分がいたんだ」と自分でも驚く。もっと言うと自分もそれをはじめたくなる。

いや、起きたかと思いきや気の迷いだったかのようにまた寝てしまうこともある。

それでも良いのだ。連続講座で色んな自分と出会い、自分を浮き彫りにしていければいいのだから。

過去の自分を切り捨てるような葛藤

第1期を開催した2015年。翌年の第2期を経て、ありがたいことに参加してくれた人たちが積極的にこの場の魅力を伝えてくれていた。

期待感が高まった上で第3期の参加者を募集していた時のことだった。

エントリーの締め切り当日。

告知をしようとしていた君の手が止まった。

その時点で規定の30名に達していた。

これ以上増えても、それはすなわちお断りしなければいけない人が増えていくことを意味する。エントリーを受けとめる側になってわかったのは、ギリギリでの駆け込み応募が想像以上に多いということだった。

締め切り時刻を過ぎ、おそるおそるエントリー数を確認する。

君は驚き、そして頭を抱えた。

200名を超えていたのだ。

その時に抱いた感情は喜びではなく、苦しさだった。

一人ひとりの志望動機に目を通していき、くらくらしてくる。

それは残酷すぎる引き算だった。

「200−30＝170」

170人分の「企画をしたい！」という思いを落とさないといけない。

落とすのがつらいのは、そこにかつての自分がいるからだ。

これまで何度も選ばれなくて、そして選ばれたくて仕方がなかった自分。

やる気だけは十分でチャンスを得るためにあがいていた自分。

その君が今、選ぶ側に回ってしまった。

過去の自分を切り捨てるような葛藤がある。

今回だけじゃない。第1期の頃からお断りしなければいけなかった人のことがずっと心に引っかかっていた。

これは割り切るしかないことで、仕方がないことなのか？

君の心はちぎれそうだった。

スケジュールが迫り選考を進めるものの、お断りをする人に一体何と連絡すれば良いのか考えはまとまらなかった。


何か自分にできることはないのかと最後の最後までもがいてメールを送った。

しばらくしてまったく予想もしていなかった反応が君に届いた。

noteに書かれたその文章は長い手紙をもらったようで特別な出来事になった。

企画メシに落ちた話

オカモトカズマ

2017/4/17, Mon 18:57
僕の元に１通のメールが届いた。

このたびは「企画でメシを食っていく２０１７」にご応募くださり、本当にありがとうございました。

受講生と、インターンシップ生合わせて、私たちの予想を遥かに上回る、２００名近くの方から、お申込みをいただきました。事務局一同、みなさまのエントリーを読み込み、長い時間をかけ議論を重ね、悩みに悩み抜いて、選考をさせていただきました。

その結果、お気持ちに応えることができませんでした。
本当に、本当に申し訳ありません。
心からお詫び申し上げます。

合否を決める、優劣をつけるといったことではなく、
年齢や職業、全ての講義に参加できるかなど、
全体のバランスを考え、決めさせていただきました。
結果的にご応募いただいた多くの方に、
お断りのご連絡をしなければならず、
とても心苦しく思います。

「企画をしたい！」そう思ってくださったことに、
なにか、ほんの少しでも、お応えできないかと。
「企画メシ」の発起人である私（阿部広太郎）は、
考えておりました。

4月23日（日）16時00分〜17時30分。

横浜みなとみらいのBUKATSUDOにて
「いま、企画をするということ」

というテーマで、私が考えていることをお伝えします。

次につながる時間になるよう、全力を尽くします。

「いやいや、そんな急に、行けないよ」という声もあると思います。
会場の都合もあり、その日時になりました（申し訳ありません）。
そして、会場代としてワンドリンク500円だけ頂戴いたします。
もしも時間がゆるせば、お越しいただけましたら幸いです。
（そして、来てくださる方は、講義が終わったら、
BUKATSUDOの下にあるタイ料理屋さんで乾杯しましょう）

「企画でメシを食っていく2017」の落選メールだった。

「企画でメシを食っていく」とはコピーライターの阿部広太郎さんが主宰さ

れている、企画する人を世の中に増やすための講座だ。
みなとみらいのBUKATSUDOというコミュニティスペースで月2回の約半年間、各界で活躍されているトップランナーの方々をお呼びしての講義と課題の提出を行う、という講義内容だ。

過去の講師には
・コルクの佐渡島庸平さん
・クリープハイプの尾崎世界観さん
・ピースの又吉直樹さん
・Rhizomatiksの真鍋大度さん
など著名な方々が登壇されている。

この講座に応募して僕は落ちた。
当時、企画の仕事に興味があったけど、企画とは全然関係ない仕事をしていた僕は（今もあまり関係ないけど）企画について勉強できる講座はないかと探していた。

そんな中たまたま目にした「企画でメシを食っていく」（※以下「企画メシ」）に即座に応募した。そして落ちた。

約30名の定員に対して、２００名超えの応募があったということは倍率は約7倍。狭き門だ。落ちるのも仕方ない。

だけど悔しい。悲しい。一歩踏み出したいと思って応募したのに、その一歩すら踏み出せなかった。

・熱意が足りなかったのか？
・アピールするポイントが弱かったのか？
・普段から企画の仕事をしている人が選ばれたんだろうか？

そんなことばかり思って、悔しくて悔しくて、仕事中だというのにトイレに引きこもって凹んだ。

（後から知ったけど企画と関係ない仕事の人もたくさん通われていたから最後の部分についてはまったく的はずれだった）

メールの最後にはこうも書いてあった。

「企画をしたい！」そう思ってくださったことに、なにか、ほんの少しでも、お応えできないかと。「企画メシ」の発起人である私（阿部広太郎）は、考えておりました。

4月23日（日）16時00分〜17時30分。
横浜みなとみらいのBUKATSUDOにて
「いま、企画をするということ」
というテーマで、私が考えていることをお伝えします。
次につながる時間になるよう、全力を尽くします。

本編の講座には参加できないけど、この日にBUKATSUDOに行けば、講義をしてくれるということだ。

正直複雑な気持ちだった。心遣いをしてくれるのは嬉しいけど、結局は本編には参加できない。それでも阿部さんにもお会いしてみたいし、講義も聞いてみたい。

嬉しさと悔しさと劣等感がないまぜになった想いで参加の旨をメールした。

そして4月23日当日になった。僕は東横線に乗ってみなとみらい駅で降りBUKATSUDOへと降り立った。「企画メシ」に当選していれば通うはずだった場所へ。

講義は楽しかった。だいたい25人くらいの人が参加していて、阿部さんの話を聞いた。

阿部さんの話はおもしろかった。

広告会社に入社後、人事局に配属された阿部さんはインターン生を担当したセミナーやワークショップなどの裏方の仕事をされている中で「自分も企画する側になりたい」と思って、コピーライターとしての転局試験を受けることを決意。先輩コピーライターの方に課題を出してもらい続け必死で勉強し、見事試験に合格した。その後も「世の中に一体感をつくる」をテーマに活動されており、「企画メシ」もその一環という話だった。

※「企画メシ」は阿部さんの個人的な活動。

講義終了後には懇親会もあり、お酒を飲みつつ阿部さんや参加者同士の交流が持てた楽しい時間だった。

そう、とても楽しい時間だった。

そして、帰路についた。

参加者のうち何名かと同じ電車に乗って帰っている時に、その中の一人が誰ともなく呟いた。

「僕たちも何か企画したいよね……」と。

そう。僕も含めてきっとみんな同じ気持ちだったのではないだろうか。

阿部さんは素敵な人だったし、お話にも刺激をもらえた。

でも、僕は、いやその日講義に参加した全員は「企画メシ」に参加することができない。

楽しい時間だったけど、終わった後「このままでいいのかな?」という気持ちが渦巻いていた。

「何かがしたかった」「企画がしたかった」

胸の奥にはずっと悔しさが残っていた。

「僕たちも何かしたいよね……」と呟いた後に「したい」「したいよね」「やろう」という話になり、みんなで連絡先を交換した。

そして、当日参加できなかった選考に漏れたメンバーにも連絡を取り、30人くらいのグループを作って、有志を集めて何か企画をしようということになった。

最終的に仕事の都合や、他の活動に注力するということで全員で動くことはなかったのだけど、僕を含めて8人のメンバーで活動することになった。

集まりには名前があった方が良いだろうということになり「モクロミ」という名前をつけた。

これは勿論、企画すること、企むことは目論むとも言えるよね、ということでつけた名前だ。

僕たちが決めたことは一つ

・企画メシが終了するまでの半年の間に企画を一つ形にすること

それ以外は何も決めていなかったので本当にゼロからのスタートだった。

「自分たちで企画をしたい」という想いが最も大きかったけど、「企画メシ」の終了まで、という期限にしたのは「企画メシ」に通う人、ひいては阿部さんを見返したい、落としたことを後悔させたい、みたいな気持ちがあったのは事実だ。

※結果的には「企画メシ」の終了までには企画を実行できなかったけど。

そこからは1週間や2週間ごとに渋谷のカフェに集まって、企画会議をした。本当に何も決まっていなかったので、それぞれがアイデアを持ち寄って、出来そうなこと、やりたいことを少しずつブラッシュアップしていった。

元々知り合いだったわけでも、友人同士であったわけでもないので、揉めることも上手くいかないこともたくさんあった。（今はみんな友人だと思っているけど。）

「昔の遊びをアップデートしよう」というアイデアが出て、試しにみんなで代々木公園で「だるまさんが転んだ」をしたことなんかもあった。（これは結局ボツになった）

数か月に及ぶ話し合いと試行錯誤の結果、「体験型のイベントにしよう」ということになり、「マンガのコマにその場で声優さんにアテレコしてもらう」という「マンガライブ」という企画を実施することになった。

モデレーターとなる人がいた方が良いのでは、という話にもなり、阿部さんに依頼出来ないかとアイデアが出た。（見返したい、という気持ちもあったけど、結局みんな阿部さんと一緒に何かしたかったんだと思う。）

そして、阿部さんに連絡を取り快諾をいただき、企画内容を話すと

「マンガは生きものに進化する」というコピーも書いて送ってくださった。（このコピーを見たときメンバー全員で感動したし、プロのコピーライターの力に震えた。）

アテレコするマンガには矢島光さんの『彼女のいる彼氏』という作品を使わせていただけることになった。

そして、イベントの内容も固まり、開催に向けて動き出した。

とは言っても集客にはめちゃくちゃ苦労したし、順調に進んだことなどほ

とんどなかった。

イベント開催前日には仕事終わりに会場近くに集まって終電ギリギリまでミーティングをした。

話せば話すほど、不安点や問題点が出てきて、本当にこんな状態で開催できるのかとめちゃくちゃ不安だった。

そして、イベント当日となり、あっという間に2時間のイベントが終わった。

結果としては大成功だったと思う。

参加してくださった方からは「おもしろかった」「新しい体験だった」などと言ってもらえたし、SNSにも感想をたくさん書いてもらった。

声優さんがコマ（正確にはコマを使用したアニメーション）にアテレコする度に会場全体が笑いに包まれたり、ちょっとほろっとした雰囲気になったりして、まるで映画を劇場で見ているかのような体験を、マンガに声を吹き込むことで作り出せたと思う。

阿部さんと作者の矢島先生をお呼びしてのトークも作品の裏話が聞けたりすることで、作品に対する理解も深まってとても良かった。

僕自身もとても楽しかった。他のメンバーも楽しそうにしていた。

そして何より、参加してくれた方々の表情を見ていると心の底から楽しんでくれているのが分かって嬉しかった。やって良かったと思った。

イベントの撤収を済ませ、阿部さんや矢島さんも伴って打ち上げをして、その日は解散となった。

イベントが終わった翌日（というか深夜）、イベントの余韻とアルコールによる高揚感がある中で僕は阿部さんにメッセージを送った。

阿部様
お疲れ様です。

昨日はお忙しい中マンガライブにご出演いただきありがとうございました。本当にこの企画は阿部さんがいなければ実現しませんでした。きっかけを下さりありがとうございました。

コピーも書いていただき、宣伝にも積極的にご協力いただき、温かい言葉をかけていただき涙が出てしまいました。

担当して書かせていただいたあらすじも褒めていただき本当に嬉しかったです。

「待っていても、はじまらない。――潔く前に進め」

胸に刻んでがんばります。

そして阿部さんからこんな返信をいただいた。

いつか見返してやると、いつか見てろって、バネにして、がんばって、仲間を見つけて、ぶつかって、笑って、悔しくて、なんとか走りはじめて、焦って、一生懸命になって、みんなで力を合わせて、人を集めて、いつの間に

か、悔しかった気持ちなんて忘れてて、ただただ楽しくて、そういう時間をつくれたみんなを尊敬します。自分たちの道を、やりたいことを、選んでいるみんなが格好いいです。

また会いましょう。きっと。その日を楽しみにしています。（と、モクロミのみんなにも伝えてもらえたらうれしいです）

僕もがんばります。

涙が出た。涙で前が見えなくなった。

深夜に布団にくるまりながらボロボロ泣いてしまった。

阿部さんの言葉には僕と、一緒に走っていた仲間の想いを全て書いてくださっていた。

最初は「見返したい」「悔しい」という気持ちではじめた。ただそれだけだった。

でも、走り出していくうちにだんだん楽しくなってきて、でも上手くいかなくて、また楽しくなって、興奮してなんとか最後までやってこれた。

何度も「出来ない」って思ったし、メンバーの誰かが離脱したりして、自然消滅するんじゃないかと、心のどこかで不安に思っていた。（最終的には最初からのメンバー8人が全員残って企画を実行した。）

それでも、やっぱり楽しくてイベントを実現したいって思ったし、形にしたかった。だから、気づいたら最初の「見返したい」みたいな少しネガティブな感情はどこかに消えていて、どうでもよくなっていた。

（当時の「企画メシ」に通っていた友人に後から聞くと、阿部さんはマンガライブのことを「企画メシ」のコミュニティで、めちゃくちゃ宣伝してくれていたらしい涙）

だから、イベント中にお客さんの顔を見たときも「やって良かった」って思ったけど、阿部さんの言葉を見たときも、それ以上に「やってきて良かった」「はじめて良かった」って心の底から思った。

「企画メシ」に通えば、「企画」のことを勉強できたかもしれない。でも「企画メシ」に通わないと「企画」が出来ないわけじゃない。

「企画」に関する仕事をしている人（例えば、コピーライターとか、プランナーの人）だけしか「企画」をしちゃいけないわけじゃない。（むしろどんなことだって「企画」にできるはずだ。）

そのことに気づけた。

この「マンガライブ」をしてから僕は1人でも企画をするようになったし（SNSアカウントを作ったり、小さいイベントをしたりするくらいだが）

何かを「やりたい!」と思って発信すれば、共感して一緒に動いてくれる人が見つかることがあるのも学んだ。

それはきっと、最初人事局に配属されて悔しい気持ちを味わった阿部さんが、コピーライターになろうと動きはじめた時も同じだったのではないだろうか。

「待っていても、はじまらない」は阿部さんの言葉であり、本の名前だ。

でも、それは言葉だけじゃなくて阿部さんの想いであり、生き方そのものなんだと思う。

僕もまだ仕事もプライベートも含めて色んなことが上手く出来ないし、悩むことばかりだ。

でも、みなとみらいから帰るあの日、「自分も企画がしたい」と思って一歩踏み出したことは僕の財産だし、「待っていても、はじまらない」という言葉はいつも胸にしまってある。

そして、仕事じゃなくても「企画」はできるし、どんなことも「企画」になり得るということも学んだ。

だから、たとえ目の前の道で上手くいかなくても、別の道があるかもしれない。そこで一歩踏み出すことが自分にとっての転機になるかもしれない。

最初は辛くて投げ出したくなっても、走り切った先に、誰かにかけてもらえる言葉で、全てが報われたと感じるかもしれない。

僕が阿部さんの言葉で報われたと感じたように。

言葉とは応援であり、魔法だと思う。

言葉の力を、僕は信じている。

身に降りかかるすべてを
つくるきっかけに変える

涙が出たのは君もだった。

落選のメールを送る時、本当は怖かった。

選べなかったけど会いたいなんて、傲慢で、自分勝手で、わがままじゃないか？

でも、そう受け取られたとしても伝えたいと思った自分がいた。

誘ってもらえたイベントで君は目撃する。変わろうとして、人が変わる瞬間を。

仲間と何か一つのことをつくりあげるのは簡単なことではない。

真剣になればなるほど譲れない気持ちが生まれて、自分の意見を持つことで見解の相違からケンカになりそうになったり、険悪な雰囲気になったりもする。

それでもゴールを思い出して、お互いへの敬意を持ちながら仲間とつくりあげていけたらきっと乗り越えられる。諦めずに何かをつかもうとする人間ドラマに触れさせてもらって君は目頭が熱くなった。

就活の時に先輩が教えてくれたこの言葉を思い出した。

「一を聞き、十を知り、百を考え、千を伝え、万を動かす」

何かを待たずにつくることからはじめても良いのかもしれない。

「一を創り、十を知り、百を考え、千を伝え、万を動かす」

身に降りかかるすべてをつくるきっかけに変えて自分の人生を動かしてもいい。


君は選ばれないことも、選ぶことも経験した。

選ぶことには苦しさが伴うけれど、決断しないといけない時はやってくる。

たとえその時に一緒になれなかったとしても、別の道をたぐり寄せることはできる。

そんなの綺麗事に聞こえたり、気持ちが晴れたりする訳がないと思われるかもしれない。

それでも悔しさをバネに夢中になって進んだら新しい景色が広がっていると思うのだ。

選ぶことは苦しい。
たとえその時に
一緒になれなくても。
つくるきっかけにして
夢中で進んだら
新しい景色が広がる。

第 7 章

「仕事とプライベート」どちらか選ばなければいけない？

両方「諦めない」方法

仕事と私、どっちが大事なの？

君の頭の中は仕事のことで一杯だった。

これは「ワーク・ライフ・バランス」の考え方が一般的になる、そのずっと前の話だ。

先輩から離れて独り立ちできるのか？

果たしてこれから自分がどうなっていくのか？

その不安を追い払うように仕事に取り組んでいた。

平日の夜は課題に取り組み、週末も勉強をしたいしコンペにだってチャレンジしたい。

それは夢を追いかける人からすると美談だけど、その近くにいる人にとってはどうだったんだろうと思うと胸が痛い。


社会人になってまだ駆け出しの頃、仕事の合間を縫ってデートをしていた。

ふとした瞬間に会話が途切れて二人の間は静けさに包まれる。

それは、「そういえばさ」のような気軽なトーンだった。

「仕事と私、どっちが大事なの？」

えっ、と君は面食らった。

それがよく雑誌やメディアの恋愛特集で取り上げられる有名な問いかけであることは知っていたけど、まさか本当に聞かれることがあるなんて思ってもいなくて、それに対する答えを君は持ち合わせていなかった。

どっちも大事に決まってるじゃん、という言葉を君は飲み込んだ。

食事中にやってくる電話や急な仕事対応。いつの間にか「ちょっと待ってね」という言葉が口癖になっていた。そう言って、だいぶ待たせたりもしていた。

何を優先していたかは明らかでその発言に至るまでの背景を想像して「ごめん」と君はうつむきながら伝えた。

のちに「そんなこと言わせちゃってごめん」が一つの模範解答とされていることを知った。本当にそうだ。そんなこと言わせてごめんなんだ。

うまいこと言おうとして自爆する

君はこの状況を挽回したかった。

朝から晩まで慌ただしい日がつづく。それでも会う時間をつくりたくて、できる限り仕事終わりに会いに行くようにした。

大事なんだ、を態度で示したかった。

会いに行ってもくたくたですぐに寝落ちしてしまう時もあったけど、お互いの仕事の夢や理想、一方で厳しい現実も共有しながら励まし合う。大変なのは自分だけじゃないと思えるだけで心強かった。

その甲斐あって二人の関係は持ち直せたように感じていた。

ある日の夜、仕事の終わりが予定よりも遅くなってしまった。

メッセージを送ったものの返信はなかった。

けれど、会いに行くべきだと思い、タクシーで急いだ。

「あのさ、私の家はビジネスホテルじゃないんだけど……」

まずい、明らかに機嫌を損ねてしまっている。

相手の都合もわからない中でこんな夜分にいきなりやってきて……。

いやこれは、気持ちがあるからこそで……それをちゃんと言葉で伝えなくちゃという思いに駆られて口走っていた。

「ビジネスホテルなんて思ってないよ。ラブホテルだよ」

「はぁ？」

やってしまった……さらに危険な空気になっていた。

「い、いや、えーっと……」

愛があると伝えたかっただけなのだ。

「そう、スイートルームのニュアンスで！」とフォローするけど、そのスイートが意味するのも甘いじゃなくて「ひとつづき」を意味するsuiteだった。

何を言っても結局ダメだった。

うまいこと言おうとして自爆する。そんな自分が情けなかった。

分かち合うことを諦めたくない

ちゃんと伝えたいし向き合いたい。

うまく伝えられなかったとしても言葉を尽くしたいと君は思っていた。

念願叶ってコピーライターになれたものの目ぼしい成果を出すことができず、一念発起をしてコピーライター養成講座に通おうと思った時だった。

事前に選考があるから通えるかどうかはまだわからないけど、分かち合うことを諦めたくない。そう考えていることを話しておきたかった。

よく晴れた春の日。

ようやくゆっくりできる週末。街を二人で歩いている時、どのタイミングでその話をするか、今か今かと君はタイミングを見計らっていた。

信号待ちのタイミングだった。

「実は今度さ、コピーの講座に通おうと思うんだよね。もし選考に通ることができたら、秋まで毎週土曜日に通うことになると思う」

「そっか……」

それはすなわち、今よりさらに会いづらくなることを意味していた。

週末に旅行にだって行けなくなるし、一緒に過ごせる時間は減っていく。

「それって、相談というよりもう決めたことなんでしょ？」

「まだ受かるかどうかわからないし」

「受かるために努力する訳でしょ？」

「そうだね、努力する」

「だったらきっと受かると思うよ」

「ありがとう……がんばるよ」

「何かさ、前に広告の仕事で人を幸せにしたいって言ってたよね？」

「うん、話したね」

「近くにいる人を幸せにできなくて、遠くにいる人を幸せにできるのかな。難しいね」

青信号に変わり人混みの中を二人で歩いていく。

一緒に歩いているけど、心が離れていくのが見えるようだった。

それからしばらくして君は講座に通えることになり、そしてフラれた。

自分だけが踊り場で佇んでいる

君は人を幸せにできるのか？

その言葉は今でも忘れられないし、これからもきっと忘れられない。

十字架のようにずっと背負っていくのだと思う。

バランスを崩してみてはじめて自分にとってのちょうどいいところがわかると言うけれど、当時の君はバランスを崩してばっかりだった。

転んで、つまずいて、傷ついて、大切な人を傷つけて、最悪だった。

その後、仕事がうまくいきだしても折り合いのつけ方はわからなかった。

さらには企画の連続講座を立ち上げて精力的に動くたびにプライベートはどうあるべきなのかと悩んでいた。


それから時は流れて30代中盤。君は結婚した。

妻の妊娠がわかった時は喜びを噛みしめ、大きくなっていくお腹を見ながらそわそわする。産休に入った妻のサポートをしながら過ごし、子どもがいよいよ生まれるというその時、残念ながらコロナ禍の影響で出産に立ち会うことはできなかった。

妻を病院に送りに行き一人で帰る。

「いよいよかな？」「うん、行ってくるね」「ふぁいとだ！」

そんなメッセージを送り合い、部屋で祈るように待っていた。

「生まれたよ！」

届いた赤ちゃんとの写真をじっと見つめる。

込みあげるような、胸がぐるぐるするような感動があった。

父になったんだ。父親になったんだ。

少しずつ少しずつ、徐々に徐々に実感が湧いてくる。

君は家族が増える幸せを感じるとともに、一緒に幸せになれる方法を何としても見つけたかった。

妻の出産予定日が決まったその日から君は育休を取ろうと思っていた。

育休を取ると決めたのは、世の中の流れに乗ってみるということではなく、育児を一緒にしていくんだという決意表明だった。

ただ、当時の君は、心のどこかで育休を取ることに対して戦いの螺旋から離脱するようなイメージを持っていた。みんなが上へ上へと登ろうとする中で自分だけが踊り場で佇んでいる、そんなイメージがあった。世の働くお母さんたちにはこんな葛藤があったのかもしれないと今さら気づく。

君は、3か月の育休を取得することにした。

これまでの勢いやスピードを手放す怖さはある。自分の何かが変わってしまうかもしれない。けど、仕事人間の自分がそこで何を感じるのか？

そこにこそ一緒に幸せになるためのヒントがある気がした。

世界は自分がいなくても案外回る

君が憂鬱だったのは仕事の引き継ぎだった。

コピーライターの仕事は組織の中であってもどこか個人商店のようだと感じていた。

自分の仕事をバトンタッチできる人は果たして見つかるのだろうか……。

リモートワーク中、オレンジ色に暮れていく空を見て君は何度か遠い目をしていた。
結果、それは杞憂に終わる。
「あなたの力を貸してほしいです」と素直に伝える大切さを痛感した。
「任せてよ」と拍子抜けするくらいに同期や同僚が応えてくれたのだ。
同時に思った。
「自分のしている仕事は自分にしかできない」
そんな鎧《よろい》のような思い込みに縛られていた気がした。
助けを求めることは負けじゃない。重すぎる自負は脱いでしまっていい。
ある時、Twitterでこんなツイートを目にした。

「スティーブ・ジョブズがいなくなってもAppleの仕事は回っているのだから替えのきかない人なんていないんだ」

世界は自分がいなくても案外回る。
仕事の上で役割が代わることは、どこか椅子取りゲームのようにも感じる。

ただ、家族の中で自分という存在は誰にも替えがきかない。

出産から1週間後、いよいよ新生活がはじまった。

できない自分なりにできることがある

泣かないでと何度も言ったし、泣きやんでおくれよと何度も祈った。

あたふたしてばかりだけど、へこたれている訳にはいかない。

抱っこした赤ちゃんが君の胸を吸おうとしてきて、「ごめん！　出ないんだ、ごめんよ」と赤ちゃんに謝るものの、また泣き出してしまう。

足腰を使って根気強く揺れつづけて、何とか腕の中で眠りについた赤ちゃんの寝顔を見てしみじみ考える。

妻は、すごい。

母乳を与えている妻の神々しさったらなかった。

リビングに陽の光がたっぷり入るのもあるけれど、後光が差して見えた。

肩で息をしながら懸命に吸おうとする赤ちゃんのまなざし。

ぷはぁと言わんばかりにすべてが満たされたような表情。

背中を優しくさすると出てくる豪快なげっぷ。

君も粉ミルクを「パパミルクだよ〜！」なんて言ってあげるものの……。

いや、もちろんすぐに泣きやまないことだってあるけれど、一発KOのごとく落ち着かせるおっぱいの羨ましさよ……。

妻にずるいと拗ねていても仕方がない。

出産で体力を消耗している妻の代わりにできることを次々とこなしていく。書類の手続き。お湯を沸かす。ミルクをつくる。おむつを交換する。爪を切る。沐浴をする。保湿クリームを塗る。妻にゆっくりお風呂に入ってもらう。

ここにはちゃんと君にしかできないことがある。

自分が今一緒に生きているという実感が地に足をつけていく。


夜、寝かしつけをした後に毛布にくるまってスマホを眺める。

スクロールして、手が止まる。「あぁ、あの人また良い仕事してるなぁ。あんなヒットを出せたら良いなぁ」なんてことを思う。

以前なら、ふらふらっと心に迷い込んできた羨ましさに振り回されていたけど、今は違うことが自分でも意外だった。

あの人と同じことはできない。

できない自分なりにできることがある。

そんなことを考えると赤ちゃんがぐずりはじめて君は毛布から出る。

すぐ近くにいる大切な人の力になれる方法はいくらでもあるんだ。

ないものに手を伸ばすことで人は成長するけれど、自分という存在にはすでにたくさんの可能性が満ちていることを忘れたくない。

君がいるのは踊り場じゃなくて展望台だ

ここに答えがあったのかもしれないと君は思った。

仕事とプライベートがつながった瞬間があったのだ。

赤ちゃんの成長を見守る日々は充実と疲弊が仲よくやってくる。

寝ている時の天使っぷりにうっとりし、泣いている時の怪獣っぷりにへろへろになる。

最高に大変で幸せな日々の中、夫婦で決めたことがある。

子育ては笑いに変えないとやってられない。

コピーライターの仕事は新しい見方をつくることだ。

自分たちの色メガネを「おもしろメガネ」にアップデートして装着する。

赤ちゃんと向き合う日々を、おもしろく捉えられないか考えるようになった。

たとえば、泣き声イントロクイズ。

「オギャ」と泣き声が聞こえたら、ピンポンと早押しクイズさながらに、「ミルク！」「おしっこ！」と赤ちゃんの訴えを当てていく。

なぜ泣いているのか最後の最後までわからないことももちろんあるけれど、夫婦でほほえみを忘れない。

赤ちゃんの寝相に対して、シュワッチとウルトラマンのポーズをしているね、と見立ててみたり。泣きながら片足を激しく動かしている時は、小島よしおさんの「そんなの関係ねぇ！」みたいだねと言ってみたり。抱っこして社交ダンスをするかのようにあやしてみたり。

大変の中にも、何かあるぞ、見落とさないぞという気持ちでいく。

「幸せだから笑うのではない、笑うから幸せなのだ」という名言がある。

おもしろメガネで世界を見ると、日々がコントのように思えるから不思議で、幸せだ。

育休に対して踊り場に佇むような感覚があったと書いた。

今はまったくそうは思わない。

君がいるのは踊り場じゃなくて展望台だ。

働き方の大前提にある生き方。

家族の中で自分の存在を確かめて、これからどう生きていくのか、そしてどう生きていきたいか、心を整える時間だった。

近くを見たり、遠くを眺めたり。人生はまだまだつづく。

自分なりの幸せを見つめて時にぐるぐると迷いながらも進めばいい。

そして、支え合っていけばいい。

もう一人じゃない。二人でもない。チームなんだ。

限られた時間の中でも
打ち手は必ずある

君は欲張りたいと思った。

仕事とプライベート、そのどちらも謳歌したいと思った。

もしかしたら片方に注力するあまり板挟みになるかもしれないし、どちらかに気持ちが足りていないと指摘されることもあるかもしれない。

1日は24時間という決まり。

この時間を増やすことも、空いた時間を明日に持ち越すこともできないし、できればちゃんと寝たいと思う。

しかし、限られた時間の中でも打ち手は必ずある。

どちらかを選ぶのではなくて、バランスを取りながら両立するウルトラCは実のところ特別な技術ではないと思うのだ。

素直になることは照れが出るし、恥ずかしさだってあるだろう。

それでも、近くにいる人に勇気を出して打ち明けてみる。

できないことをちゃんと「助けて」と言うことがむしろ自立につながる。

仕事でもプライベートでも一つのチームとして貢献し合うこと、支え合うこと、至極当たり前のことの中にどちらも諦めない方法がある気がしている。

生きていく限り、何かを捨てて何かを選んでいかないといけないのは紛れもない事実だ。

それを理解した上で、それでも大切だと思うことを書きたい。

まずは、自分の幸せを自分で選ぶこと。

自分を中心として家族はもちろん、仕事やプライベートで出会ってきた人、そしてこれから出会う人、すべての人が幸せになれる方法がきっとあるはずだと信じたい。

仕事とプライベート、どちらも諦めなくていい。

近くにいる人から遠くにいる人まで。

君が大切に思う人と幸せになる挑戦を楽しもう。

どちらも
諦めなくていい。
自分とまわりの人が
一緒に幸せになる
方法を探しつづけよう。
その挑戦を楽しもう。

おわりに

あの日、選ばれなかった君へ

最初は不安だった。

いよいよ子どもの保育園を選ぶ時期になって、いくつかの園を見学しに行って第1希望から順々に希望を書いて自治体に書類を提出する。

なかなかすんなりと希望は通らないという話を先輩から聞いていた。

ある日、手紙が郵便ポストに入っていた。

急いで開封して確認した。それは、全落ちを通知する手紙だった。

心の準備はしていたつもりだったのに、さすがに夫婦で肩を落とした。

子どもは待機児童になった。

あぁ、ここでも選ばれないのか。

やっぱり寂しさがあるし、悔しい気持ちになる。

でも、そこからがはじまりなんだということを知っている。

今は往復30分かけて認可外保育園へと送り迎えをしている。

木漏れ日の中、自転車で風を切って走る。

子どもと一緒に流れる季節を眺めている。

優しく見守ってくれる保育士さんと出会えて、子どもは園に着くとニコニコしている。玄関にいるこちらを見て小さな手を振ってくれた。

一人の帰り道、自転車に乗りながら爽やかな空気で胸を一杯にする。

ここに通えて良かったなぁと心から思う。

あの日感じていた不安はどこかにいっていた。


今の僕から、あの日の君へ伝えたい。

選ばれなくて良かったんだよ。


卒業アルバムで一人ぼっちだったから、孤独から出発することができて人とつながる喜びを知ることができた。

大学受験で志望校に全落ちしたから、誰かががんばりを見てくれていることを、運命に身を委ねていいことを知ることができた。

キャプテンに選ばれなかったから、チームになるために必要なことがわかり、何に貢献したいのかが大事なんだと知ることができた。

就活でたくさん悩んだから、自己選択感を大切にできるし、今している仕事に心から納得することができている。

向いてないかもよと言われたから、見つかりにいくことの大切さを知れたし、これからの自分の可能性を信じたいと思える。

選ぶ側に回ってしまったから、その苦しさと喜びを知ることができたし、選ぶことで自分の人生を動かしていきたいと思う。

仕事とプライベートの板挟みになったから、どうすれば自分らしく生きていけるのかを知ることができたし、40代が近づく今、一緒に幸せになる挑戦を楽しみたいと思えている。

あの日、選ばれなかったから今の僕になることができた。

あの日、選ばれなかったからこの本が完成して今読んでもらえている。

人生は長い。まだまだつづく。

人間関係に悩むことがあったら、合うか合わないかよりも、そこに合わせるか合わせないかは君が選ぶことができる。

言葉に苦しむことがあったら、何度だって言葉を選び直して、聞き直して、君の心を見つめていけばいい。

これからもきっと選ばれないことがあると思う。

何度も何度もやってくると思う。

なにくそと、ちくしょうと、唇を噛みしめると思う。

選ばれなかったその時は、世界が終わるかのような気持ちになるけど全然違った。むしろ世界のはじまりだった。

選ばれないことは新しい自分に生まれ変わるためのきっかけなんだ。


たとえ不安に押しつぶされそうだとしても。

これだけは確信を持って言える。

動きはじめた君に不安は追いつけない。

この一冊が君の思い出の一部分になれたら、この一冊が君の日々が好転するためのエールになれたらこれほど嬉しいことはない。

後悔のない人生なんてない。それでも僕たちには明日がある。
選ばれないことがあってもどうってことない。
自分が選んだことを誇ろう。そしてまた進んでいこう。
自分で選んでいくということが自分を愛するということだから。
君はもう新しい一歩を踏み出せている。

選んだ道の先でいつかお会いできる日を夢見て、最後に一言だけ贈りたい。

君はすでに自由だ。

2023年3月　阿部広太郎

第7章の育休を取得した際のエピソードは、
PHPスペシャル2022年3月号
『明日がうまくいく 頭と心の整え方』（PHP研究所）に
寄稿した文章を加筆・修正したものです。

［著者］
阿部 広太郎　あべ・こうたろう

1986年3月7日生まれ。埼玉県出身。中学3年生からアメリカンフットボールをはじめ、高校・大学と計8年間続ける。2008年、慶應義塾大学経済学部を卒業し、電通入社。人事局に配属されるもクリエイティブ試験を突破し、入社2年目からコピーライターとして活動を開始。「今でしょ！」が話題になった東進ハイスクールのCM「生徒への檄文」篇の制作に携わる。作詞家として「向井太一」「円神-エンジン-」「さくらしめじ」に詞を提供。Superflyデビュー15周年記念ライブ“Get Back!!”の構成作家を務める。2015年から、連続講座「企画でメシを食っていく」を主宰。オンライン生放送学習コミュニティ「Schoo」では、2020年の「ベスト先生TOP5」にランクイン。「宣伝会議賞」中高生部門 審査員長。ベネッセホールディングス「未来の学びデザイン 300人委員会」メンバー。「企画する人を世の中に増やしたい」という思いのもと、学びの場づくりに情熱を注ぐ。著書に『待っていても、はじまらない。―潔く前に進め』（弘文堂）、『コピーライターじゃなくても知っておきたい 心をつかむ超言葉術』（ダイヤモンド社）、『それ、勝手な決めつけかもよ？ だれかの正解にしばられない「解釈」の練習』（ディスカヴァー・トゥエンティワン）。Twitter:@KotaroA

あの日《ひ》、選《えら》ばれなかった君《きみ》へ
新《あたら》しい自分《じぶん》に生《う》まれ変《か》わるための7枚《まい》のメモ

2023年3月28日 第1刷発行
2024年2月15日 第3刷発行

著　者　阿部 広太郎
発行所　ダイヤモンド社
〒150-8409 東京都渋谷区神宮前 6-12-17　https://www.diamond.co.jp/
電話 / 03・5778・7233（編集）03・5778・7240（販売）
装　丁　鈴木千佳子
D T P　スタンドオフ
校　正　鷗来堂
製作進行　ダイヤモンド・グラフィック社
印　刷　勇進印刷
製　本　ブックアート
編集担当　亀井史夫（kamei@diamond.co.jp）

ISBN 978-4-478-11768-2